FALTPLAN

»Schreiben Sie uns!

Wir hoffen, dass Ihnen dieser Reiseführer gefällt und er Ihnen ein guter Begleiter auf einer außergewöhnlichen und spannenden Reise ist.

Weil ein Reiseführer von Erfahrungen lebt, sind wir an Ihren Erlebnissen interessiert: Haben Sie im Buch ein Restaurant entdeckt, das es nicht mehr gibt, eine Sehenswürdigkeit, die wir noch nicht aufgeführt haben, oder eine falsche Adresse? Dann schreiben Sie uns!

Wir nehmen jeden Hinweis und jede Kritik ernst und arbeiten kontinuierlich daran, die Bücher aktuell zu halten und immer weiter zu verbessern. Auch wenn wir nicht jeden Wunsch erfüllen können, machen wir uns immer Gedanken über Ihre Anmerkungen.

Schreiben Sie an: info@reise-know-how.de oder Reise Know-How Verlag Peter Rump GmbH, Postfach 140666, 33626 Bielefeld

Wenn sich Ihre Infos direkt auf das Buch beziehen, bitten wir um die Angabe der Seitenzahl und der Auflagennummer bzw. des Erscheinungsjahres. Besonders hilfreiche Beiträge belohnen wir mit einem Sprachführer Ihrer Wahl aus unserer „Kauderwelsch"-Reihe.

Herzlichen Dank und gute Reisen
Ihr Reise Know-How Verlag

Diesem Buch wurde hier ein herausnehmbarer Faltplan beigefügt.
Sollte er beim Erwerb des Buches nicht mehr vorhanden sein, fragen Sie bitte bei Ihrem Buchhändler nach.

Liebe Leserin, lieber Leser,

ein unabhängiger Verlag für unabhängig Reisende – das sind wir, der Reise Know-How Verlag aus Bielefeld, eines der letzten Familienunternehmen in der Branche. Obwohl wir zu den größten Reiseführerverlagen Deutschlands gehören, ist der familiäre Umgang miteinander in allen Bereichen des Verlagslebens zu spüren: In der Geschäftsführung in zweiter Generation, in einer wertschätzenden Arbeitsatmosphäre, in der Nähe zu unseren frei arbeitenden Autorinnen und Autoren, im engen Austausch mit unseren Leserinnen und Lesern – und auch in der Zusammenarbeit mit Druckereien in Deutschland, in denen wir ausschließlich und regional unsere Bücher produzieren. Die sollen schließlich erst mit Ihnen auf große Reise gehen.

Alles, was wir in unsere Bücher und Landkarten stecken, soll Ihnen eines ermöglichen: Auf Ihre ganz eigene, individuelle Weise die Welt zu entdecken. Wir wünschen Ihnen viel Freude und unvergessliche Erlebnisse mit diesem Reiseführer.

Es grüßen herzlich
Peter Rump & Wayan Rump

Willkommen im Südwesten

Stuttgart wird noch viel zu oft unterschätzt! Auf den ersten Blick fehlen der Stadt auftrumpfende Großbauten ebenso wie pittoreske Winkel, doch auf den zweiten Blick ist die Landeshauptstadt Baden-Württembergs weltoffen, quicklebendig, überraschend modern – und viel attraktiver als ihr Ruf.

Tatsächlich weist Stuttgart all das auf, womit für einen Städtetrip zu punkten ist: preisgekrönte moderne Architektur mit Stadtbibliothek 25 und Mercedes-Benz-Museum 44, zum UNESCO-Welterbe zählende Bauten von Le Corbusier (s. S. 38), historische Gebäude wie das Alte Schloss (s. S. 25) und die Grabkapelle 45 auf dem Württemberg, nostalgische Winkel mit Kopfsteinpflaster im Bohnenviertel 18, eindrucksvolle Panoramablicke auf den Talkessel vom Fernsehturm 42 oder den bewaldeten Höhen und ausgedehntes Grün mit dem weitläufigen Schlosspark, der Wilhelma 29, dem Grünen U und dem Höhenpark auf dem Killesberg 22.

Hinzu kommt eine lebendige, international geschätzte Kulturszene mit interessanten Museen, hochkarätig bespielten Konzerthallen und Theatern. Weitere Pluspunkte sind kleine, inhabergeführte Läden und nicht zuletzt unzählige Orte für Genießer, von der denkmalgeschützten Markthalle 12 über urige Weinstuben mit schwäbischer Küche bis zu renommierten Restaurants für Feinschmecker und coolen Cocktailbars.

Ein besonderer Tipp für Spaziergänge sind die Weinwanderwege rund um Stuttgart (s. S. 123) und (nicht nur) bei Schmuddelwetter die Wellness-Angebote in drei Mineralwasserbädern (s. S. 122). Also Koffer packen und los – zum Bummeln und Entspannen, Schlemmen und Shoppen in Stuttgart.

Die Autorin

Gabriele Kalmbach arbeitet als Autorin, Übersetzerin und Redakteurin von Kochbüchern und Reiseführern und lebt nach mehreren Jahren in Baden-Württemberg in Köln und in der Bretagne. Ihre thematischen Schwerpunkte sind Deutschland und Frankreich. Im REISE KNOW-HOW Verlag sind von ihr auch die CityTrip-PLUS-Bände „Paris“ und „Dresden“ sowie die CityTrip-Bände „Paris“ und „Bordeaux“ erschienen.

Durch ihre schwäbischen Großeltern ist die Autorin nicht nur sprachlich mit dem „Ländle“ verbunden, insbesondere auch das Essen bei der Oma war pures Kindheitsglück. Gabriele Kalmbach ist Mitglied der Slowfood-Bewegung und hat als leidenschaftliche Hobbyköchin ihre Genussheimat in Schwaben gefunden.

100st Abb.: gk

Stuttgart auf einen Blick

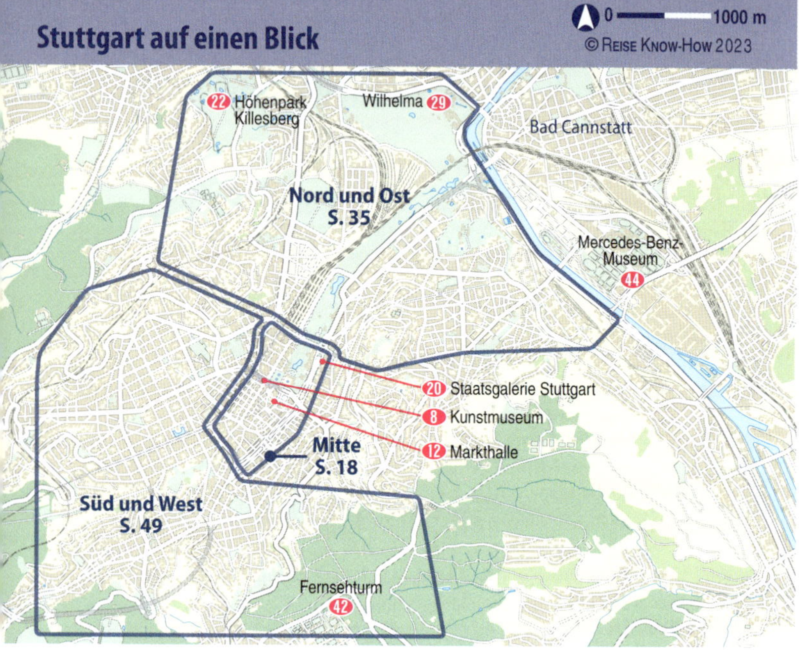

Inhalt

Cleveres Nummernsystem

Die Sehenswürdigkeiten sind im Text und im Kartenmaterial mit derselben **magentafarbenen ovalen Nummer** ① markiert. Alle anderen Lokalitäten wie Geschäfte, Restaurants usw. tragen ein **Symbol und eine fortlaufende rote Nummer** (1). Die Liste aller Orte und die Zeichenerklärung befinden sich im Anhang.

Der Schmetterling ...

... zeigt an, wo man Angebote im Bereich des nachhaltigen Tourismus findet.

Bewertung der Sehenswürdigkeiten

★★★ nicht verpassen
★★ besonders sehenswert
★ wichtig für speziell interessierte Besucher

Planquadrat im Kartenmaterial

[A1] Orte ohne diese Angabe liegen außerhalb unserer Karten. Ihre Lage kann aber wie die aller Ortsmarken mithilfe der begleitenden Web-App angezeigt werden (s. Anhang).

Vorwahlen

- für Stuttgart: 0711
- für Deutschland: 0049

Updates zum Buch

www.reise-know-how.de/citytrip/stuttgart23

NICHT VERPASSEN!

8 Kunstmuseum [D4]
Der gläserne Würfel am Schlossplatz ist ein echter Blickfang und auch die zahlreichen Werke von Otto Dix und wechselnde Ausstellungen im Innern lohnen das Hinschauen (s. S. 24).

12 Markthalle [D4]
Die denkmalgeschützte Jugendstilhalle im Zentrum Stuttgarts erlaubt eine kulinarische Reise um die Welt an über 30 Ständen (s. S. 27).

20 Staatsgalerie Stuttgart [F3]
In der klassizistischen Alten Staatsgalerie und der postmodernen Neuen Staatsgalerie an der Kulturmeile Stuttgarts hat eine der besten Kunstsammlungen Deutschlands Platz gefunden (s. S. 34).

22 Höhenpark Killesberg [bh]
Ein Aufstieg auf den Killesbergturm kann durchaus zur Mutprobe werden, denn je nach Windstärke und Besucheransturm schwankt das filigrane Bauwerk ein wenig. Schöne Aussicht bieten aber auch andere Stellen im Park (s. S. 36).

29 Wilhelma [dh]
Im botanisch-zoologischen Garten reiht sich ein Fotomotiv an das andere. Das maurische Landhaus im ehemaligen königlichen Garten wurde der Alhambra nachempfunden, die historischen Gewächshäuser beherbergen Kakteen, Palmen und Orchideen (s. S. 43).

42 Fernsehturm [dm]
Hoch über Stuttgart ragt das Wahrzeichen der Stadt in den Himmel. Er ist der erste Fernsehturm der Welt, der als schlanke Nadel in Betonbauweise ausgeführt wurde (s. S. 54).

44 Mercedes-Benz-Museum [fj]
Von einer Pferdestärke bis zum Rennwagen führt die Reise durch 135 Jahre Automobilgeschichte. Als Meilenstein der Architekturgeschichte gilt schon heute der Museumsbau (s. S. 55).

001st Abb.: sm

Willkommen in Stuttgart

Direkt gegenüber dem Hauptbahnhof beginnt die Königstraße, die lange Einkaufsmeile der Stadt, und zieht Reisende gleich hinein in die Innenstadt. Hinter dem recht nüchternen Auftakt lassen sich Stuttgarts Schätze entdecken, der große Schlossplatz beispielsweise, einst Exerzierplatz vor dem Schloss, heute lebendiger Treffpunkt, Location für Open-Air-Konzerte und beliebte Liegewiese zugleich – mitten in der Stadt. Rundherum laden Cafés zum Verweilen, Läden zum Schaufensterbummel und Museen zum Besuch ein.

Schon im Zentrum fällt auf, wie überall die **Gegensätze** unmittelbar aufeinanderstoßen – das Parkdeck neben dem historischen Giebelhaus, der Weinberg hinter der Handelskammer, Gründerzeitbauten neben „Nullachtfuffzehn-Investorenarchitektur", Zahnradbahn und Tiefbahnhof, durch die Innenstadt geschlagene Straßenschneisen und grüne Oasen. Zum **subtilen Charme der Schwabenmetropole** gehört gerade auch diese „Stuttgarter Mischung" – allerhand Schönheiten und Scheußlichkeiten in direkter Nachbarschaft –, denn globale Gleichförmigkeit ist kein Grund zum Reisen, eine Stadtpersönlichkeit mit regionaler Identität aber durchaus.

Stuttgarts Stärken

Stuttgart kann man am besten zu Fuß entdecken. Die **Innenstadt** ist überschaubar und zwischen den Sehenswürdigkeiten im Zentrum gibt es kaum lange Wege. Zwei Bundesstraßen trennen die eigentliche City von den übrigen Stadtteilen. Ein Bummel entlang der **Königstraße** [C5–E3] bietet erste Orientierung – rechts und links säumen historische und moderne Bauten diese zentrale Einkaufsmeile. Rund um den **Schlossplatz** 5 und den **Schillerplatz** 10, im **Kunstmuseum** 8, **Landesmuseum** 9, **Kunstgebäude** 6 und nur ein paar Schritte weiter in der **Staatsgalerie** 20 und im **Haus der Geschichte** 19 wird Kultur geboten.

Aus dem Talkessel **auf die Hügel** gelangt man am besten mit den Straßenbahn- und Buslinien, dabei sind schon die Fahrt mit der **Zacke** (s. S. 53) oder der **Standseilbahn** 40 ein Erlebnis an sich. Und nirgendwo sonst kann man von so vielen **exponierten Orten** auf die Stadt blicken wie in Stuttgart: beispielsweise vom **Turm auf dem Killesberg** 22 und vom **Fernsehturm** 42 auf dem Bopser, von der **Uhlandshöhe** 33 und der **Karlshöhe** 39. Die zwischen Hügeln eingebettete, eingeengte Lage im nur nach Osten offenen, dort vom Neckar begrenzten Talkessel macht Stuttgart aber die **Stadtplanung** für die Zukunft nicht einfach. Ob die Verlagerung der Messe zum Flughafen oder Stuttgart 21, es wurde kontrovers diskutiert, und auch die Neubauten hinter dem Bahnhof und am Rosenstein bieten noch Zündstoff.

Wer sich auch **Ausflugsziele** außerhalb der Innenstadt vornehmen will, kann sich noch auf den Weg

◁ Vorseite: Die Damaszenerhalle auf dem Gelände der Wilhelma 29

▷ Diese bunte Plastik von Alexander Calder steht mitten auf der Königstraße [C5–E3]

zum Württemberg mit der **Grabkapelle** 45 machen. Lohnende Ziele in Zuffenhausen und rechts des Neckars sind die beiden **Automuseen von Porsche** 46 und **Mercedes-Benz** 44. Beide sind auch mit öffentlichen Verkehrsmitteln schnell und unkompliziert zu erreichen.

Viertel in citynaher Randlage

Zu Stuttgarts Stärken gehört auch das bunte, multikulturelle Leben in den Vierteln rund um die Innenstadt. **Bohnenviertel** und **Leonhardsviertel** 18 sind nur ein paar Straßenmeter von der City entfernt und mit ihren angesagten Bars eine Ausgehadresse für all jene, die die Theodor-Heuss-Straße, kurz „Theo" genannt, und ihre umtriebige Clubszene zur No-go-Area erklärt haben. Aber auch zum Essen gehen im schicken Bistro, Galeriebesuch oder gemütlichen Kaffeetrinken findet man beim Bummeln nette Adressen.

Daneben gilt das **Heusteigviertel** am Rande der Innenstadt, zwischen Wilhelmsplatz, Olgastraße, Filderstraße und Hauptstätterstraße, als überaus hip. Seit den 1990er-Jahren wurden die gut erhaltenen Gründerzeitbauten zu Schmuckstücken restauriert und das Viertel avancierte zum angesagten Wohnquartier. Zentrale Achse ist die Heusteigstraße [C7–D6]. Hier und in den Querstraßen sind allerhand kreative Werkstätten, originelle Läden und ein paar Lokale zu entdecken.

Auch im **Lehenviertel** und vor allem rund um den großzügig angelegten Marienplatz [B8] in Stuttgarts Süden gibt es noch große zusammenhängende Altbauquartiere, die dafür sorgen, dass das Viertel als Wohngegend „in" ist. In der in den 1870er-Jahren angelegten Lehenstraße sind noch prächtige Bauten aus Klassizismus und Jugendstil in weitgehend originalem Zustand erhalten. Auch hierher zieht es heute Kreative, die in prächtigen Vorderhäusern oder kleinen Hinterhäusern Werkstätten, Shops und Galerien eröffneten, und im Sommer entwickelt sich der eigentlich nicht sonderlich attraktiv gestaltete Marienplatz zum fast mediterranen Treffpunkt.

006st Abb.: gk

Das **Russenviertel,** das allerdings nicht offiziell so heißt, ist ein Stadtteil, in dem Olga-, Alexander-, Katharinen- und Werastraße nach Mitgliedern des Zarenhauses Romanow benannt wurden – darunter drei württembergische Königinnen. Ende

MEIN TIPP

Mittagstisch im Heusteigviertel

Der Laden sieht noch immer wie eine Bäckerei aus, nur die Sitzbank im Schaufenster verrät, dass es hier jetzt italienischen Mittagstisch und gute Panini gibt.

8 [C6] **Attimi** €, Weißenburgstr. 5, Haltestelle: Österreichischer Platz, U1, U9, U34, www.attimi.eu, Mo.–Fr. 9–20, Sa. 8.30–18 Uhr, Küche 11.30–15 Uhr

007st Abb.: gk

des 19. Jahrhunderts zählten sie zu den vornehmsten Straßen der Stadt und bis heute werden die pompösen Gründerzeitbauten als Wohnquartier geschätzt.

Architektur und Kultur

In Stuttgart sorgten Museumsbauten wie das **Mercedes-Benz-Museum** 44, das **Porsche-Museum** 46 und das **Kunstmuseum** für Furore. Auch auf die Spuren der Neuen Sachlichkeit können Architekturfreunde sich machen, und zwar vom **Tagblatt-Turm** 17 bis zur **Weißenhofsiedlung** 23. Allerdings schätzen Besucher Stuttgart nicht vorrangig wegen sensationeller Bauten – attraktiv macht die Stadt vor allem die lebendige **Kulturszene**. Neben Institutionen wie der schon mehrfach zum besten deutschen Opernhaus gekürten **Staatsoper**, dem weltberühmten **Ballettensemble** und dem großen renommierten **Orchester** der Stadt gibt es auch eine lebendige **moderne Musikszene**, engagierte **Kabarett- und Kleintheater**, viele **Lesebühnen**, eine coole **Subkultur** und **junge Galerien** und nicht zuletzt zahllose **Festivals** im Jahreslauf, die mal den Schlossplatz zur riesigen Open-Air-Bühne machen und mal nur einen kleinen Kreis von Aficionados versammeln. Wer kann, sollte die regelmäßigen Angebote wie **Musikpause** (s. S. 25) oder **Stunde der Kirchenmusik** (s. S. 27) nutzen und sich vorab Karten für Jazz, Kleinkunst, Varieté oder große Oper besorgen, denn erst das macht einen Stuttgart-Besuch rundum perfekt.

Ein Highlight für Auto- und Architekturfans: das Mercedes-Benz-Museum 44

Kurztrip nach Stuttgart

Stuttgart ist in Bewegung geraten und entwickelt sich von der wohlhabenden, aber behäbigen Provinzmetropole immer mehr zu einer interessanten, vielfältigen, multikulturellen und jungen Großstadt.

Die Landeshauptstadt Baden-Württembergs bietet **historische** und **moderne Architektur**, eine **lebendige Kunst- und Kulturszene**, internationale **Sportevents**, große **Feste** und **Märkte** sowie zahlreiche kleine und große **Festivals** von Kino über Kabarett bis zu Literatur und Jazz. Insbesondere Kulturinteressierte, die eine der häufig überregional beachteten **Wechselausstellungen** in der Staatsgalerie 20 oder im Kunstmuseum 8 besuchen oder Tagesgäste, die sich für die auch architektonisch spannenden **Automuseen** von Mercedes-Benz 44 und Porsche 46 interessieren, kommen hier auf ihre Kosten. Da Stuttgart auch kulinarisch einiges zu bieten hat, lohnt es sich, vorab einen Tisch zu reservieren: Gute **Restaurants** bieten regionale oder internationale Küche, einige mit Stern ausgezeichnete Gourmetlokale auch höchstes Feinschmeckerniveau. Gemütliche **Cafés** und **Biergärten** laden zu entspannten Stunden ein und in

Das gibt es nur in Stuttgart

Eine der größten **Leuchtreklamen** der Welt ist der Bosch-Schriftzug am Bosch-Parkhaus. Das 8 m hohe, über 50 m lange und tonnenschwere Logo befindet sich an dem über die A8 gespannten Parkhaus für Flughafen- und Messebesucher.

Zur Internationalen Gartenbauausstellung 1993 in Stuttgart entstand das **Grüne U**, ein 8 km langer Grünzug, der sich vom Schlossgarten bis zum Killesberg 22 erstreckt. Über Wege und Brücken sind so unterschiedliche Grünanlagen wie der Park der Villa Berg 30, die Wilhelma 29, der Rosensteinpark 27 und der Wartberg miteinander verbunden. Durch die Verlegung der Messe Stuttgart wurde das alte Messegelände auf dem Killesberg frei. Dort wurde das Grüne U noch um die 8 km lange „Grüne Fuge" bis zur Feuerbacher Heide erweitert.

Das **Schweinemuseum** (s. S. 66) im Alten Schlachthof versammelt einen Sau-Haufen der kuriosen Art. Mehr als 50.000 Exemplare des Borstenviehs umfasst die Sammlung. Sparschweine, Kuscheltiere, Glücksschweinchen, aus Plüsch, Gold, Keramik, Holz, als Anhänger, Tasse oder auf Gemälden – hier werden Schweine aller Art „saugut" präsentiert.

Die 1884 eingeweihte **Zacke,** auch „Zacketse" genannt (s. S. 53), verkehrt zwischen Marienplatz und Degerloch und ist eine der wenigen aktiven Zahnradbahnen in Deutschland und die letzte im Linienbetrieb einer Großstadt.

Über 400 Stäffele gibt es in Stuttgart. Als die Stadt im 19. und 20. Jh. immer weiter an den Hängen hinaufwuchs, wurden aus den einstigen Weinbergtreppen Fußwege zu den höhergelegenen Wohnvierteln (s. S. 32).

Ein weiteres Highlight sind die **Mineralquellen** mitten in der Stadt. Das nach Budapest zweitgrößte Mineralwasservorkommen Europas lässt täglich bis zu 44 Mio. Liter aus dem Untergrund sprudeln. An mehr als einem Dutzend öffentlichen Brunnen kann man probieren, wie unterschiedlich das Wasser aus den verschiedenen Quellen schmeckt.

zahlreichen **Weinstuben** lässt sich in urschwäbischer Atmosphäre das ein oder andere „Viertele schlotzen". Zur Adventszeit lockt der stimmungsvolle **Weihnachtsmarkt,** für den die Budenbetreiber ihre Dächer extra aufwendig schmücken.

Doch wie kann ein Tagesbesuch sinnvoll organisiert werden? Mit dem vorgeschlagenen **Stadtspaziergang** (s. S. 15) lässt sich die Stuttgarter Innenstadt an einem halben Tag bequem zu Fuß kennenlernen. Und nach dem Museumsbesuch bleibt auch noch ein wenig Zeit für einen **Einkaufsbummel.** Exquisite Boutiquen und traditionsreiche Fachgeschäfte, die Königstraße [C5–E3] als zentrale Shoppingmeile und die moderne Ladenpassage im Königsbau 7, die schöne Markthalle 12 und zahlreiche Wochenmärkte (s. S. 92) – Einkaufen in Stuttgart hat viele Facetten.

101st Abb.: © borisb17, stock.adobe.com

Stuttgart an einem Wochenende

Wer die Landeshauptstadt Baden-Württembergs an einem Wochenende erkunden will, kann sich am ersten Tag vormittags einen guten Eindruck von den Sehenswürdigkeiten und Museen der Innenstadt verschaffen – hier liegt alles nah beieinander. Am Nachmittag und am zweiten Tag bleibt Zeit für Ausflüge auf die Hügel und lohnende Ziele am Rand der Innenstadt. Je nach Interesse kann man auch den einen oder anderen Museumsbesuch einstreuen. Wer die Stuttgarter Highlights und die vielen hochkarätigen Museen schon kennt, der kann sich Zeit nehmen für den stimmungsvollen Hoppenlaufriedhof 35, einen Abstecher zum Fernsehturm 42, auf den Killesberg 22 oder in die nahen Weinberge.

Erster Tag

Am Vormittag empfiehlt sich der auf Seite S. 15 beschriebene **Stadtspaziergang.** Er führt vom **Hauptbahnhof** 1 durch den **Oberen Schlossgarten** 2 und über den **Schlossplatz** 5 zu **Kunstmuseum** 8, **Altem Schloss** (Landesmuseum Württemberg 9), **Markthalle** 12, **Schillerplatz** 10 und **Stiftskirche** 11 bis zur **Staatsgalerie** 20. Und falls der erste Tag des Stuttgart-Bummels ein lebhafter Samstag ist, kann man auch beliebte Märkte besuchen –

Im Alten Schloss ist das Landesmuseum Württemberg 9 beheimatet den **Flohmarkt** auf dem Karlsplatz (s. S. 91) und die bunten **Wochenmärkte** auf Marktplatz und Schillerplatz (s. S. 92).

Dabei lernt man nicht nur vieles von dem kennen, was in Stuttgart sehenswert ist, sondern macht zugleich auch einen Gang durch die **Stadtgeschichte.** Denn dort, wo heute das Alte Schloss steht, nahm einst im 10. Jahrhundert mit einem „Stuotgarten“, einem herzoglichen Gestüt, die Siedlung ihren Anfang. Die Barockepoche ist mit dem **Neuen Schloss** 4 vertreten, die 1950er-Jahre prägen den **Marktplatz** 14 und der gläserne Würfel des Kunstmuseums ist städtebaulich Teil der Neugestaltung des Kleinen Schlossplatzes, mit der alte Betonsünden der 1960er-Jahre korrigiert wurden.

Wer nicht schon ausgiebig gefrühstückt hat, findet in der Innenstadt an jeder Ecke attraktive Einkehrmöglichkeiten für die **Mittagspause** (s. S. 76).

Wer sich nachmittags noch die große Otto-Dix-Sammlung und moderne Kunst im **Kunstmuseum** 8 anschauen will, hat im Besitz einer Eintrittskarte die Chance, einen Tisch im **Cube** (s. S. 71) zu bekommen – ein paar Plätze werden für Museumsbesucher freigehalten. Ansonsten ist hier ohne Reservierung nichts zu machen, der tolle Blick auf den Schlossplatz macht die Tische am Fenster begehrt.

Anschließend liegt es zwar nahe, nachmittags nur noch durch die **Einkaufsstraßen** zu bummeln, denn schon beim Spaziergang waren viele schöne Geschäfte zu entdecken, aber es wäre schade, nicht wenigstens noch einem der Museen, die in Fußweite liegen, einen Besuch abzustatten. In der **Staatsgalerie** 20 sind die hochkarätigen Sammlungen alter Meister und klassischer Moderne nicht konsequent chronologisch gehängt, sondern zeitlich eigentlich weit getrennte, aber benachbart angeordnete Kunstwerke eröffnen bewusst überraschende Bezüge.

Wer den Abend „schwäbisch“ ausklingen lassen will, kann im **Weinhaus Stetter** (s. S. 74) im Bohnenviertel 18, im **Schellenturm** (s. S. 74) oder in der **Weinstube Fröhlich** (s. S. 74) im Leonhardsviertel 18 Maultaschen oder andere regionale Leibspeisen ordern und dazu wie die Einheimischen „ein Viertele schlotzen“.

Zweiter Tag

Vier ganz besondere Highlights stehen heute auf dem Programm, das Mercedes-Benz-Museum, die Wilhelma und danach der Killesberg mit der Weißenhofsiedlung und dem Höhenpark.

Im **Mercedes-Benz-Museum** 44 auf der anderen Seite des Neckars werden „automobile Träume“ wahr. In einem auch architektonisch sehenswerten Museumsneubau wandern die Besucher vom obersten Geschoss auf einem spiralförmigen Rundgang vorbei an knapp 135 Jahren Automobilgeschichte. Mit mehr als 160 Fahrzeugen von alten und neuesten Serienmodellen über legendäre Rennwagen bis zu Nutzfahrzeugen wie Transportern, Omnibussen und Lkws wird ein Überblick über die ganze Produktpalette des Unternehmens gegeben.

Die **Wilhelma** 29, Stuttgarts botanisch-zoologischer Garten und ehemaliger königlicher Landsitz mit exotisch-orientalischer Architektur, lohnt zu jeder Jahreszeit einen Besuch. Ein

102st Abb.: gk

Im städtischen Lapidarium (38) sind aus der kriegszerstörten Stadt gerettete Bauteile und Skulpturen zu sehen

Spaziergang über die Anlage führt zum villenartigen Landhaus in erhöhter Hanglage, das sich König Wilhelm I. Mitte des 19. Jahrhunderts im maurischen Stil erbauen ließ. Als Vorbild diente seinem Architekten Karl Ludwig von Zanth die Alhambra im spanischen Granada. Erst Jahrzehnte später wurde dieser Teil des Rosensteinparks für die Öffentlichkeit zugänglich.

Reizvoll sind die im Rhythmus der Jahreszeiten wechselnde Bepflanzung des Geländes, der strenge maurische Garten, die Subtropenterrassen und nicht zuletzt die Kakteen und exotischen Pflanzen in den alten gusseisernen Gewächshäusern. In den 1950er-Jahren wurden die botanischen Sammlungen durch einen **Zoo** ergänzt – heute beherbergt die Wilhelma knapp 10.000 Tiere aus fast 1000 Arten. Besonders sehenswert sind Aquarium, Amazonas- und Affenhaus; Kinder lieben vor allem die Tierfütterungen.

Mit den roten **Doppeldeckerbussen von Stuttgart Citytour** (s. S. 128) oder der Stadtbahn gut zu erreichen sind der Höhenpark Killesberg und die **Weißenhofsiedlung** (23). Die Mustersiedlung für modernes Bauen entstand 1927 unter Beteiligung später weltberühmter Architekten wie Mies van der Rohe und Le Corbusier. Elf der einst 21 gebauten Ein- und Mehrfamilienhäuser sind erhalten geblieben und wurden in den 1980er-Jahren saniert. Eine Haushälfte in einem Corbusier-Bau wurde in den Originalzustand zurückversetzt (inklusive Farbkonzept) und kann besichtigt werden.

Der **Höhenpark Killesberg** (22), ein kleines Stück oberhalb der denkmalgeschützten Weißenhofsiedlung, ist ein 50 Hektar großes Paradies für Gartenfreunde. Mit Blumenrabatten und Schaugärten, Tierwiese und Spielplatz, Parkeisenbahn und historischem Jahrmarkt bietet er vielerlei Attraktionen für Groß und Klein, aber auch weitläufige Wiesen zum Ausspannen und Träumen. Ein absolutes Muss: der Blick aus luftiger Höhe vom Killesbergturm auf die Stadt!

Stadtspaziergang

Stuttgart ist für Besucher eine Stadt der kurzen Wege: Rund um den Schlossplatz und die Stiftskirche liegen die wichtigsten Sehenswürdigkeiten nah beieinander. Der folgende Vorschlag für einen Stadtspaziergang lässt ausreichend Raum und Muße, das Flair der Stadt auf sich wirken zu lassen.

Ein Besuch Stuttgarts kann gleich im **Hauptbahnhof** ❶ beginnen. Die **Aussichtsplattform** des Bahnhofsturms an der Südseite der Ankunftshalle wie auch die **Ausstellung** zum Bahnprojekt **Stuttgart 21** in den Etagen darunter sind zwar seit 2019 wegen der Umbauarbeiten auf unbestimmte Zeit geschlossen. Doch stattdessen wird eine Ausstellung im **InfoTurmStuttgart** an Gleis 16 präsentiert und es werden **Baustellenführungen** angeboten (s. S. 18).

Durch die unterirdische **Klett-Passage** zwischen Bahnhof und Königstraße erreicht man mit wenigen Schritten die Fußgängerzone. Vorbei am i-Punkt, der Touristen-Information des Stuttgarter Stadtmarketings (s. S. 115), gelangt man durch die **Schlossgartenpassage** zum **Oberen Schlossgarten** ❷.

An der Südseite des Parks stößt man auf die Gebäude des **Staatstheaters** (s. S. 84). Von außen wirkt das achteckige **Schauspielhaus** nüchtern auf den Betrachter, doch die Theaterinszenierungen, die in seinem Innern stattfinden, begeistern das Publikum genauso wie die hochkarätigen Opern- und Ballettaufführungen im altehrwürdigen **Opernhaus.** Mitten in der Stadt am kleinen Eckensee gelegen und doch durch den Oberen Schlossgarten abgeschirmt vom Trubel, setzt das Ensemble einen attraktiven städtebaulichen Akzent. Der klassizistische Säulenbau für die Oper wurde um 1910 als Königliches Hoftheater von Max Littmann erbaut, die moderne, runderneuerte Theaterspielstätte stammt aus den frühen 1960er-Jahren. Es ist eines der größten Dreispartenhäuser der Welt und wird von drei autonomen künstlerischen Intendanten und einem Geschäftsführer konstruktiv und kooperativ zusammengehalten.

Vorbei am **Landtagsgebäude** ❸, das mit gläserner Architektur auch für politische Transparenz stehen soll, erreicht man das **Neue Schloss** ❹.

Unübersehbar thront auf der Kuppel des **Kunstgebäudes** ❻ ein goldener Hirsch, das Wappentier Württembergs – vom Württembergischen Kunstverein wird das Haus für regionale und internationale Kunstschauen genutzt. Überquert man nun diagonal den **Schlossplatz** ❺, gelangt man zur **Königstraße** und zum gläsernen Würfel des **Kunstmuseums** ❽. Das städtebauliche Schmuckstück setzt neben die historische, säulenverzierte Fassade des **Königsbaus** ❼ einen modernen Akzent. Die Treppenanlage dazwischen führt zum Kleinen Schlossplatz hinauf und ist ein beliebter Treffpunkt. Zu einer Verschnaufpause mit Blick auf den weitläufigen Platz laden mehrere Terrassen ein, vom Brauhaus neben dem Kunstgebäude über das Café Königsbau bis zur o.T. Bar vor und im Kunstmuseum (s. S. 81).

Routenverlauf im Stadtplan

Der hier beschriebene Spaziergang ist mit einer farbigen Linie im Stadtplan eingezeichnet.

010st Abb.: gk

Von der Königstraße gelangt man durch einen Durchgang im Eckgebäude an der Planie zum **Schillerplatz** 10 mit dem Schillerdenkmal in seiner Mitte. Im **Fruchtkasten** (s. S. 25), einem Renaissancebau vom Ende des 16. Jahrhunderts, wird die Musikinstrumentensammlung des **Landesmuseums** 9 präsentiert. Letzteres ist im **Alten Schloss** untergebracht, wo sich unbedingt ein Blick in den Innenhof empfiehlt. Außen noch eine Burg, ist die ehemalige Residenz der württembergischen Herzöge innen ein Renaissanceschloss mit schönen Arkaden.

Gleich nebenan schlüpft man durch schwere Türen in die **Markthalle** 12 und betritt eine andere Welt – die der Düfte und Genüsse, Aromen und Gewürze. Verlässt man sie auf der anderen Seite wieder, befindet man sich in der belebten Fußgängerzone und nahe der großen **Stiftskirche** 11 mit ihren beiden ungleichen Türmen. Die größte und älteste Kirche Stuttgarts ist ein markantes Wahrzeichen der Innenstadt, ein Relikt aus dem Mittelalter, das doch überraschend selbstverständlich in die neuere Umgebung eingebunden ist. Im Jahr 1543 wurde hier mit der ersten öffentlichen evangelischen Predigt im Herzogtum Württemberg die Reformation eingeleitet.

Für eine entspannte Mittagspause empfiehlt sich die **Alte Kanzlei** (s. S. 77) am Schillerplatz. Durch die Kirchstraße, ebenfalls Fußgängerzone und gesäumt von hübschen Läden, bietet sich ein Bummel zum **Marktplatz** 14 mit dem Rathaus, wo dreimal wöchentlich ein großer Wochenmarkt stattfindet, und zum benachbarten Kaufhaus Breuninger (s. S. 89), einer Stuttgarter Institution, an.

Jenseits der befahrenen Hauptverkehrsschneise der Hauptstätter Straße ist die evangelische **Leonhardskirche** die zweitälteste Kirche der Stadt, sie brannte aber im Jahr 1944 ab und wurde vor allem im Innern nicht originalgetreu wiedererrichtet. Das auffallende, massive Gebäude an der Leonhardskirche, das **Gustav-Siegle-Haus**, dient heute mit mehreren Sälen als Veranstaltungsort der **Stuttgarter Philharmoniker** (s. S. 85) und beherbergt auch den **Bix Jazzclub** (s. S. 85).

Durch die Pfarrstraße gelangt man zur Weberstraße, wo der **Schellenturm** noch einen Eindruck von der einstigen Stuttgarter Stadtbefestigung vermittelt. Der Fachwerkbau, in dem heute eine **Weinstube** (s. S. 74) mit schwäbischer Küche residiert, erhebt sich auf einem der wenigen Überreste der ehemaligen Stadtmauer. Seinen Namen verdankt der Turm den Glöckchen, die verurteilte Straffällige an der Kleidung trugen, damit sie nicht unbemerkt fliehen konnten.

Wagner-, Brenner- und Rosenstraße, die Querstraßen der Weberstraße, gehören zum lauschigen **Bohnenviertel** ⓲ mit seinen Szenekneipen, netten Lokalen und Läden, Altbauten und Kopfsteinpflaster. Auch diese Stuttgarter Idylle ist nur durch eine mehrspurige Straße von der Innenstadt getrennt. In den historischen Gassen tickt die Uhr womöglich aber genau deswegen etwas langsamer als in der hektischen City.

◁ *Der Schlossplatz* ❺ *– eine grüne Oase mitten im Stadtzentrum*

Der Rosenstraße folgt man zurück in Richtung Innenstadt und gelangt so zur stark befahrenen Kreuzung am Charlottenplatz [E4]. Ist die Charlottenstraße überquert, erstreckt sich weiter nördlich entlang der Konrad-Adenauer-Straße, der mehrspurigen Hauptverkehrsachse Stuttgarts, die **Kulturmeile** der Stadt. Das Ensemble aus Museums- und Hochschulbauten geht auf einen städtebaulichen Wettbewerb von 1977 zurück, den ein Entwurf von James Stirling, Michael Wilford and Associates gewann. Nach dem Tod des britischen Stararchitekten im Jahr 1992 vollendeten Michael Wilford und Manuel Rupp die noch ausstehenden Bauten auf der Grundlage neuer Konzepte. Die schon zuvor bestehenden Kultureinrichtungen wie das Wilhelmspalais – das bis 2011 die Stadtbibliothek beherbergte und in dem 2018 das **StadtPalais – Museum für Stuttgart** (s. S. 66) eröffnet wurde –, das Haus der Abgeordneten, das Hauptstaatsarchiv, die Württembergische Landesbibliothek und die klassizistische Alte Staatsgalerie ergänzen die postmoderne **Neue Staatsgalerie** ⓴, das **Haus der Geschichte** ⓳ und die **Musikhochschule** (s. S. 85) zu einem groß angelegten Gebäudeensemble, das terrassenartig in die Hanglage eingebunden ist. Fußgängerwege und Freiflächen erschließen die Museumslandschaft, die bislang noch durch die stark befahrene Straße von der Innenstadt abgeschnitten ist.

Eine begrünte Teilüberdeckelung soll in naher Zukunft die Kulturmeile besser integrieren. Gegenwärtig gelangen Fußgänger am besten durch die Unterführung am Haus der Geschichte zurück in Richtung Schlossgarten und Königstraße.

Stuttgart-Mitte

In der Innenstadt liegen Museen, Sehenswürdigkeiten, aber auch kulinarische und Shopping-Angebote nah beieinander. Weil der Obere Schlossgarten bis an den Schlossplatz heranreicht, ist man an keinem Punkt der City allzu weit von einer Bank im Grünen entfernt – so bleibt der Stadtbummel erholsam.

1 Hauptbahnhof ★★ [E2]

Der in den 1920er-Jahren **im Stil der Neuen Sachlichkeit** errichtete Hauptbahnhof ist ein Entwurf der Architekten Paul Bonatz und Friedrich E. Schöler. Sie hatten im Jahr 1911 den ausgeschriebenen Wettbewerb gewonnen, doch bis zur Fertigstellung des Baus vergingen 18 Jahre. Das wuchtige Gebäude mit **monumentalen Eingangshallen** und einem **markanten Turm** sprengte damals alle Konventionen. Inzwischen allerdings fielen die beiden Seitenflügel dem Umbauprojekt **Stuttgart 21** (s. S. 108) zum Opfer. Nur das Empfangsgebäude des denkmalgeschützten alten Kopfbahnhofs blieb stehen.

Um in der Nachkriegszeit die Renovierungskosten aufzubringen, wurde der Bahnhof für Werbezwecke freigegeben. So drehte sich seit 1952 der mit Neonröhren bestückte **Mercedesstern** oben auf dem Bahnhofsturm zweimal pro Minute um sich selbst (und soll nach der Sanierung des Turms 2025 zurückkehren). Die darunter in 56 m Höhe liegende **Aussichtsplattform** mit Rundumblick auf die Stadt ist seit 2019 wegen der Arbeiten am Bonatz-Bau (s. r.) geschlossen. Von keinem anderen Aussichtspunkt erschließt sich die charakteristische Lage Stuttgarts „zwischen Wald und Reben“ – ein Slogan, mit dem die Schwabenmetropole eine Zeitlang für sich warb – besser. Die Stadt liegt umgeben von Hügeln und Weinbergen, die bis nah an den Bahnhof reichen.

Interimsmäßig stellt die Bahn ihr Verkehrsprojekt an **Gleis 16** vor und bietet **Baustellenführungen** an. Modelle, Pläne, Entwurfszeichnungen und multimediale Animationen vermitteln, welche Vorteile „Stuttgart 21“ aus Sicht der Bahn bietet.

Zum Bauvorhaben gehören der **Ausbau der Strecke von Stuttgart nach Ulm** und in Stuttgart selbst ein neuer **Bahnknotenpunkt** mit einem **unterirdischen Durchgangsbahnhof**, für den die Gleisanlagen um 90 Grad gedreht werden sollen, und dem knapp 10 km langen **Fildertunnel.** Im zukünftigen Bahnhof sollen Oberlichter die unterirdische Halle beleuchten und belüften. Um den Schlossgarten mit Europa- und Rosensteinviertel zu verbinden, werden – neben den schon abgerissenen Seitenflügeln des Bonatz-Baus – auch die Gleisanlagen und eine mehr als zwei km lange Mauer, die diese bisher abstützte, abgetragen. Der Plan, den neuen Tiefbahnhof tatsächlich im Jahr 2021 in Betrieb zu nehmen, wie der Name „Stuttgart 21“ suggeriert, ist allerdings längst überholt – vor Dezember 2025 ist wohl nicht damit zu rechnen.

Doch nicht nur die zeitliche Planung für den Tiefbahnhof ist aus dem Ruder gelaufen, auch die **Baukosten**, ursprünglich auf 2,6 Mrd. Euro beziffert, haben längst alle kritischen Prognosen der Projektgegner übertroffen. Von bis zu 9,8 Mrd. Euro ist inzwischen bereits die Rede.

› Hauptbahnhof, Arnulf-Klett-Platz 2, Haltestelle: Hauptbahnhof, U5, U6, U7, U12, U14, U15, U29, S1, S2, S3, S4, S5, S6, www.its-projekt.de

Paul Bonatz

Der 1877 bei Metz in Lothringen geborene Paul Bonatz studierte in München und Berlin **Architektur.** 1902 kam er als Assistent Theodor Fischers an die Technische Hochschule Stuttgart und wurde 1908 sein Nachfolger als ordentlicher Professor. Zusammen mit Paul Schmitthenner, Martin Elsaesser und anderen vertrat er die **„Stuttgarter Schule"**, eine klassisch und konservativ geprägte Bauweise mit einem **Hang zum Monumentalen.** Die Mitglieder der traditionalistischen „Stuttgarter Schule" waren erklärte Gegner des „Neuen Bauens", wie es in der Weißenhofsiedlung 23 sichtbar wurde.

Zwischen den Kriegen entwarf Bonatz Villen, Arbeitersiedlungen, Industrie- und Monumentalbauten. Er äußerte einmal, der **Bau des Bahnhofs** 1 in Stuttgart sei für seine „Entwicklung als Baumeister das wichtigste Kapitel" gewesen. In den 1930er-Jahren wirkte er als Berater Fritz Todts auch beim Bau von **Autobahnbrücken** mit, später arbeitete er an **Alfred Speers Monumentalbauten** mit. Ab 1943 lebte Bonatz als Berater und Professor in Ankara und Istanbul. 1953 kehrte er nach Stuttgart zurück, wo er 1956 starb und auf dem **Waldfriedhof** 41 beigesetzt wurde.

Lange standen der **Traditionalismus** und die ambivalente Haltung des Architekten zum **Nationalsozialismus** seiner Würdigung im Wege. Neben seinem Hauptwerk in Stuttgart, dem (eigentlich denkmalgeschützten) Hauptbahnhof, dessen Seitenflügel im Zuge des Umbaus aber beide abgerissen wurden, stammt auch der **Zeppelinbau** direkt gegenüber von Bonatz.

› www.hauptbahnhof-stuttgart.eu

2 Oberer Schlossgarten ★ [E3]

Der Volkspark verdankt seine heutige Gestalt den Bundesgartenschauen 1961 und 1977 und der Internationalen Gartenbauausstellung 1993. Mit dem Mittleren und Unteren Schlossgarten bildet er einen über vier Kilometer langen Grünzug in der Stadt, der sich bis zum Neckar zieht.

Um 1800 wurde mit der Gestaltung der von Anfang an auch für die Bevölkerung geöffneten **„Königlichen Anlagen"** begonnen. Anfang des 20. Jh. wurden auf dem Gelände des Oberen Schlossgartens die beiden **Theater** gebaut, das noch erhaltene **Große Haus** für die Operninszenierungen und das durch einen späteren Neubau ersetzte **Kleine Haus** für das Schauspiel (siehe Staatstheater S. 84).

Da der erste Stuttgarter Hauptbahnhof (an der heutigen Bolzstraße gelegen) in Anbetracht des wachsenden Zugverkehrs nicht mehr leistungsfähig genug war, musste an anderer Stelle eine Alternative geschaffen werden. Während des Ersten Weltkriegs begann man mit dem Bau des heute noch existierenden Hauptbahnhofs und verkleinerte im Zuge dessen den Mittleren Schlossgarten um 8 Hektar. Die im Rahmen des Großprojekts „Stuttgart 21" (s. S. 108) geplante **Erweiterung des Parks** an der Stelle der jetzigen Gleisanlagen verkauft die Bahn denn auch als eine Art „Wiedergutmachung".

› Haltestelle: Hauptbahnhof, U5, U6, U7, U12, U14, U15, U29, S1, S2, S3, S4, S5, S6, S60 und Schlossplatz, U5, U6, U7, U12, U15

3 Landtag ★ [E4]

In der Nachkriegszeit standen als Unterbringung für den baden-württembergischen Landtag zunächst nur Provisorien zur Verfügung. Von den Architekten Viertel, Linde und Heinle wurde dann ein dreigeschossiger, 20 Meter hoher Stahlbetonskelettbau, mit einem **fensterlosen Plenarsaal** in seiner Mitte, geplant. Der **gläserne Flachbau** des Landtagsgebäudes wurde 1961 eingeweiht und steht als nüchterner, schmuckloser Zweckbau **in gewolltem Kontrast zur historischen Architektur** des Staatstheaters (s. S. 84) und des Neuen Schlosses 4. Die großen Fensterfronten sollten durch ihre Transparenz die **Offenheit der** damals noch **jungen Demokratie symbolisieren.** Und wer möchte, kann den Architekten folgen und den quadratischen Grundriss auch noch als „Ausdruck

ausgewogenen Kräftespiels" werten. Der Volksmund taufte den Bau allerdings despektierlich „schwarzes Aquarium".

Heute ist auch der **denkmalgeschützte Glasbau** wieder **zu beengt** für den Parlamentsbetrieb. Trotz des zusätzlichen Abgeordnetenhauses an der Kulturmeile benötigt der baden-württembergische Landtag mehr Platz, der im Neuen Schloss geschaffen werden soll. Die Abgeordneten liebäugelten zwar mit einer großen Neubaulösung, aber das ist angesichts der Kosten eher Zukunftsmusik und auch ein Standort ist noch nicht in Sicht. Bis 2016 wurde das Landtagsgebäude technisch auf den neusten Stand gebracht und energetisch saniert. Seitdem erhält im runderneuerten Baudenkmal auch der neuneckige Plenarsaal dank kegelförmiger Oberlichter Tageslicht.

091stAbb: ©Jürgen Fälchle, stock.adobe.com

Interessierte, die von den Zuhörerplätzen aus eine Debatte verfolgen möchten, können nach Anmeldung über den Besucherdienst eine **Eintrittskarte für eine Plenarsitzung** erhalten (am entsprechenden Sitzungstag an der Pforte des Landtags abzuholen).

› Konrad-Adenauer-Str. 3, Haltestelle: Charlottenplatz, U1, U2, U4, U5, U6, U7, U12, U15, www.landtag-bw.de

4 Neues Schloss ★ [E4]

Mitte des 18. Jahrhunderts wurde das Neue Schloss als **repräsentative Residenz für Carl Eugen von Württemberg** begonnen. In das Alte Schloss wollte der Herzog nicht ziehen und so wurde 1746 der Grundstein für einen standesgemäßen Neubau gelegt – nicht weniger als ein schwäbisches Versailles sollte es werden. Im Barockzeitalter dienten prunkvolle Hofhaltung und üppige Ausstattung der weitläufigen Schlossanlage auch als **Demonstration des eigenen Rangs.** Als Baumeister wurde Leopoldo Retti beauftragt, der sich an den französischen Vorbildern ori-

Alles andere als protzig – der nüchterne Glaskasten des Landtags

entierte, später folgte ihm ein Pariser Architekt nach. Herzog Carl Eugen selbst erlebte das Ende der Bauzeit nicht mehr – er verlegte die Residenz zurück nach **Ludwigsburg.**

Mit mehreren Unterbrechungen, auch durch einen Brand, wurde der **spätbarocke Prunkbau** mit seinen 365 Räumen erst Anfang des 19. Jahrhunderts unter König Friedrich I. fertiggestellt. Wegen der langen Bauzeit fanden auch Architekturstile wie Rokoko, Klassizismus und Empire ihren Niederschlag. Nach der Abschaffung der Monarchie 1918 diente das Gebäude eine Zeit lang als Museum. Im Zweiten Weltkrieg stark beschädigt, wurde die dreiflügelige Schlossanlage bis Mitte der 1960er-Jahre wiederaufgebaut und dient heute der **Landesverwaltung.** Mit nur einer Stimme Mehrheit im Gemeinderat wurde der Abriss der ehemaligen Residenz damals verhindert.

Außen mit **historischer Fassade** versehen, wurden innen nur wenige **Repräsentationsräume** wie der Weiße Saal und der Marmorsaal rekonstruiert. Hier finden ab und an Vorträge und Konzerte statt, ansonsten werden Staatsgäste begrüßt oder andere hochkarätige Empfänge gegeben, sodass das Innere nur ausnahmsweise **bei Sonderführungen** zugänglich ist.

› Schlossplatz, Haltestelle: Schlossplatz, U5, U6, U7, U12, U15, www.neues-schloss-stuttgart.de

Ein etwas anderer Blick auf die klassizistische Säulenfassade des Königsbaus

5 Schlossplatz ★★★ [D4]

Mitten in der belebten City bildet der grüne Schlossplatz einen ungewöhnlich weitläufigen Ruhepol. Der große Platz vor dem Neuen Schloss füllt sich aber schnell, wenn er für Open-Air-Konzerte und Public Viewing genutzt wird, und immer im Sommer herrscht hier fast mediterrane Atmosphäre.

Seine „Karriere" begann das Areal einst als **Exerzierplatz.** Die schlanke **Jubiläumssäule** in der Platzmitte stammt aus dem Jahr 1841. Zum 25-jährigen Thronjubiläum von König Wilhelm I. errichtete man zunächst ein Provisorium, das später ersetzt und mit der Figur der Concordia bekrönt wurde. Für die **Umgestaltung** der großzügigen Platzanlage in den 1860er-Jahren wurden prominente Vorbilder wie die Place de la Concorde in Paris herangezogen. Wie die dortigen **Springbrunnen** französische Flüsse darstellen, symbolisieren die beiden Stuttgarter Exemplare württembergische Gewässer. Auch ein historischer **Musikpavillon** ziert den Platz. Er ist als Fotomotiv beliebt. Mit seinem symmetrischen Wegsystem und den beiden seitlichen Alleen, den Brunnen und der Säule gilt der Schlossplatz als **einer der schönsten Plätze Europas.**

Rundherum reihen sich **geschichtsträchtige** und **moderne Bauten** und erlauben einen Rundgang durch die Stadtgeschichte. Vom **Alten Schloss** (Landesmuseum Württemberg 9), dessen Ursprünge bis in das 10. Jahrhundert zurückreichen, über das Neue Schloss 4 im Stil des Spätbarock und Marquardt- und Königsbau 7 aus dem 19. Jh. führt die Architektur mit dem gläsernen Kunstmuseum 8 bis in die Moderne.

Bis zum Zweiten Weltkrieg residierte im Eckgebäude an der Bolzstraße eines der vornehmsten Hotels Stuttgarts, das die Hoteliersfamilie Marquardt betrieb. Während der **Marquardtbau** am Ende des 19. Jahrhunderts im durchaus zeittypischen Stil der Gründerzeit errichtet wurde, galt der **Königin-Olga-Bau** gegenüber schon in der Bauzeit Anfang der 1950er-Jahre als unzeitgemäß. Die Kritik galt aber sowohl dem konservativen Bankgebäude mit historisierender Fassade wie auch seinem Architekten Paul Schmitthenner, dessen Nähe zum Nationalsozialismus ihm zum Vorwurf gemacht wurde.

› Haltestelle: Schlossplatz, U5, U6, U7, U12, U15

6 Kunstgebäude ★ [D3]

Das ursprünglich bis 1913 erbaute Ausstellungsgebäude wurde im Zweiten Weltkrieg stark zerstört und teilweise verändert wiederaufgebaut. Zum Schlossplatz erhielt das Kunstgebäude eine **hohe Säulenhalle**, die nicht nur architektonisch an die Renaissance-Kolonnaden Italiens erinnert, sondern auch den Cafébesuchern italienisches Flair vermittelt, die hier geschützt unter dem Vordach dem Dolce Vita frönen. Ein **goldener Hirsch** auf dem Kuppeldach markiert weithin sichtbar das Gebäude.

In den Räumen des Kunstgebäudes bietet der **Württembergische Kunstverein** jungen Künstlern und zeitgenössischen Kunstrichtungen eine Plattform, aber auch andere Stuttgarter Museen nutzen das Haus.

› Schlossplatz 2, Haltestelle: Schlossplatz, U5, U6, U7, U12, U15, Tel. 223370, www.wkv-stuttgart.de, Di., Do.–So. 11–18, Mi. 11–20 Uhr, Eintritt 5 €, ermäßigt 3 €

031st Abb.: gk

7 Königsbau ★ [D3]

Immerhin **34 Säulen** schmücken den eleganten Königsbau an der Westseite des Schlossplatzes 5. Was an griechische Tempel erinnert, wurde im Auftrag von **König Wilhelm I.** schon damals als Geschäfts- und Konzerthaus errichtet und im Jahr 1860 eröffnet. Die **spätklassizistische Fassade** des Altbaus mit der 135 Meter langen Säulenarkade ist quasi die Visitenkarte der großen **Einkaufsgalerie**, die sich dahinter verbirgt.

2006 wurde die historische Ladenpassage noch um einen **Anbau** erweitert, der den Königsbau um 13 Meter überragt. Unter seinem markanten gewölbten und nachts beleuchteten **Glasdach** reihen sich um das mehrgeschossige Atrium die Ladenfronten. In der Einkaufsgalerie sind auf mehreren Etagen zahllose Einzelhändler versammelt, vom Blumenladen bis zum Teegeschäft, ein großer Mediamarkt und Fachgeschäfte für Wohnen und Einrichten sowie gastronomische Angebote vom Imbiss bis zum Café. Zur Bolzstraße hin wurde die Stuttgarter Hauptpost angesiedelt.

› **Königsbau-Passagen,** Königstraße/ Bolzstraße, Haltestelle: Schlossplatz, U5, U6, U7, U12, U15, Tel. 8703060, www.koenigsbau-passagen.de, Mo.–Sa. 10–20 Uhr

8 Kunstmuseum ★★★ [D4]

Der Glaskubus des Kunstmuseums setzt neben den säulengeschmückten Königsbau einen modernen Kontrapunkt. Mitten in der Stadt ist neue Architektur von eleganter Transparenz in das Ensemble am Schlossplatz integriert.

Tagsüber fast opak und Wolken widerspiegelnd, entfaltet das Kunstmuseum bei Dämmerung oder Dunkelheit seine größte Wirkung. Dann werden die abends **beleuchteten Sandsteinwände** im Innern des **Glaswürfels** sichtbar. Das 2005 eröffnete Museum für die städtische Kunstsammlung ist ein Entwurf des Berliner Büros Hascher und Jehle und wurde nicht nur wegen erstklassiger **Wechselausstellungen,** sondern auch wegen seiner **Architektur** zum Publikumsmagneten. Ein Großteil der Ausstellungsfläche wurde von außen unsichtbar in ehemaligen Röhren des Planietunnels angelegt.

Die **Dauerausstellung** setzt Zeitgenössisches in Szene, darunter auch „Schwäbischen Impressionismus" und „Stuttgarter Avantgarde" mit Künstlern aus der Region wie Christian Landenberger, Hermann Pleuer, Otto Reininger und Adolf Hölzel. Besonders umfangreich ist die Sammlung an Gemälden von Otto Dix, darunter ein schönes Selbstporträt als Künstler und das leuchtend rote Bildnis der Tänzerin Anita Berber. Der Sammlungsschwerpunkt geht auf das besondere Engagement für den während des Nationalsozialismus geächteten Künstler zurück, der dem Museum testamentarisch das Vorkaufsrecht an dem Triptychon „Großstadt" einräumte. Einzelne Räume widmen sich auch Willi Baumeister, Dieter Roth und Wolfgang Laib.

Das Museum steht nicht nur mitten in der City, es **öffnet sich auch seiner Umgebung.** Treppen und Wege zu den drei oberirdischen Ausstellungsräumen liegen zwischen Glas und Steinkern. Die **Café-Bar o.T.** (s. S. 81), Abkürzung für „ohne Titel", im Foyer nutzt den Logenplatz vor dem gläsernen Würfel tagsüber als Terrasse und bleibt auch nach Schließung der Ausstellung geöffnet. Und das Restaurant **Cube** (s. S. 71) in der obersten Etage bietet zu später Stunde eine fantastische Aussicht auf das nächtliche Stuttgart.

Vor dem Eingang steht auf der Königstraße als unübersehbarer Blickfang die **riesige bunte Stahlplastik** des amerikanischen Künstlers Alexander Calder: **„Crinkly avec disque rouge".** Das Kunstwerk kombiniert als sogenanntes Mobile-Stabile Bewegung mit Stillstand. Die große **Freitreppe** neben dem Glasbau, die zum Kleinen Schlossplatz hinaufführt, ist ein beliebter Treffpunkt.

› Kleiner Schlossplatz 1, Haltestelle: Schlossplatz, Linie U5, U6, U7, U12, U15, www.kunstmuseum-stuttgart.de, Tel. 21619600, Di.–So. 10–17, Fr. bis 20 Uhr, Eintritt 6 €, ermäßigt 4 €, Kinder bis 12 Jahre frei

9 Landesmuseum Württemberg ★★★ [D4]

Im **Alten Schloss** steht die **Geschichte Württembergs** im Mittelpunkt. Den Ursprung der Sammlung des Landesmuseums bildete einst die herzogliche Kunstkammer. In wechselnden Ausstellungen werden **archäologische Funde** und die **Kunst- und Kulturgeschichte** des Landes von der Steinzeit bis in die Gegenwart dokumentiert. Die Schausammlung „LegendäreMeisterWerke" – unter denen die Kronjuwelen der Württemberger natürlich nicht fehlen dürfen – bietet auf einer Fläche von 2400 m² einen chronologischen Rundgang durch die Geschichte der Region von der Eiszeit bis zum Ende der Monarchie. Zu den Schätzen des Museums zählt auch die große **Glassammlung** mit Stücken aus vier Jahrtausenden, die bei Redaktionsschluss allerdings **aus Energiespargründen geschlossen** war.

Das von außen **trutzig-wehrhafte Schloss** überrascht im Innern mit einer **Renaissanceloggia.** Archäologische Funde unterhalb des Schlosses – die Reste einer **Wasserburg** – belegen, dass die Baugeschichte bis in die Karolingerzeit zurückreicht. Schon Ende des 10. Jahrhunderts hatte es an dieser Stelle eine Burg **zum Schutz des Pferdegestüts** („Stuotgarten" = Stutengarten) gegeben, der zur Stuttgarter Gründungsgeschichte gehört und der Stadt ihren Namen gab (s. S. 101). Im 14. Jahrhundert wurde die Burg zum neuen Sitz der Grafen von Württemberg, im 16. Jahrhundert entstand aus der Wehranlage ein Renaissance-Schloss mit Arkaden und hellem Innenhof. In Letzteren ist als Reiterstandbild Graf Eberhard im Bart zu sehen, der erste Herzog von Württemberg.

Auch die **Türme** der Burg sind beim Museumsbesuch zugänglich. Im einen sind in der **Fürstengruft** König Karl (1891) und Königin Olga (1892) bestattet, im anderen wird die **Uhrensammlung** gezeigt. Von einem der Türme gibt es auch einen Zugang zur **Schlosskapelle,** einem der ältesten protestantischen Kulträume Süddeutschlands.

Seit 2010 gibt es mit dem **„Jungen Schloss"** ein spezielles Angebot für Kinder und Familien (s. S. 65). Die **Musikinstrumentensammlung** des Landesmuseums befindet sich im Fruchtkasten am Schillerplatz 10.

› Schillerplatz 6, Haltestelle: Schlossplatz, U5, U6, U7, U12, U15, Tel. 89535111, www.landesmuseum-stuttgart.de, Di.–So. 10–17 Uhr, Eintritt 6 €, ermäßigt 5 €, bis 17 Jahre frei

10 Schillerplatz ★★ [D4]

Der **malerischste Platz Stuttgarts** wird von historischen Bauten eingerahmt und bildete über Jahrhunderte das alte Residenzzentrum. Heute ist er die stimmungsvolle Kulisse für Wochenmarkt, Weindorf und Weihnachtsmarkt.

Im Südwesten beginnend steht neben der Stiftskirche 11 der **Fruchtkasten.** Der spätgotische Steinbau, eines der ältesten Gebäude in der Stuttgarter Altstadt, erhielt Ende des 16. Jh. die heutige Renaissancefassade mit dem hohen Giebel. Im Mittelalter als Kelter und später als Kornspeicher genutzt, beherbergt der eindrucksvolle Bau als „Haus der Musik" heute die Sammlung historischer Instrumente des Landesmuseums 9. Freitags findet hier von 12 bis 12.30 Uhr die sogenannte **Musikpause** statt: Studierende der Hochschule für Musik spielen dann die alten Instrumente.

Der **Prinzenbau**, ab Anfang des 17. Jahrhunderts in langer Bauzeit errichtet, diente einst als Wohnsitz für die zweitgeborenen Prinzen und ist heute Sitz des Justizministeriums. Bereits auf 700 Jahre Tradition blickt der **Kanzleibogen** zurück, der Durchgang an der Ecke zur Alten Kanzlei. Schon im Mittelalter stand hier eines der Stuttgarter Stadttore, das Tunzhofer Tor. Der barocke Durchlass wurde in der zweiten Hälfte des 18. Jahrhunderts gestaltet und ist heute eine vielfrequentierte Abkürzung zur Königstraße.

Die stattliche **Alte Kanzlei** an der Nordostseite des Platzes wurde um 1543 errichtet und diente dem Herzog als Gebäude für seine Hofverwaltung. Einst saßen hier Schreiber und Buchhalter, heute sitzen Gäste des **Lokals Alte Kanzlei** (s. S. 77) auf der schönen Außenterrasse oder im Innern des Renaissancebaus und genießen einen Aperol, einen Mittagsimbiss oder Kaffee und Kuchen.

An der Ecke zum Schlossplatz 5 erhebt sich die **Merkursäule**, die Ende des 16. Jahrhunderts errichtet wurde. Die goldene Figur Merkurs krönt die Säule, die ursprünglich als Druckbehälter für die Wasserversorgung von Schloss und Garten entstand und einen hölzernen Wassertank als Aufsatz trug, seit 1862. Das **Kosakenbrünnele** am Säulenfuß wurde zur gleichen Zeit neu gestaltet.

Vom Schillerplatz selbst blickt ernst der gleichnamige Dichter auf das Treiben zu seinen Füßen – dreimal wöchentlich auf Marktstände, im Herbst auf das Weindorf und im Winter auf die geschmückten Buden des Weihnachtsmarkts. Das von Berthel Thorvaldsen geschaffene Denkmal wurde 1839 als erstes **Schillerdenkmal** Deutschlands aufgestellt, und das, obwohl der Autor 1782 aus Stuttgart geflohen war: Der Herzog als Landesherr hatte Schiller Arrest angedroht und ihm das weitere Schreiben verboten. Doch nach dem Tod des Dichters fand in Stuttgart 1825 das erste Schiller-Fest statt und auch der erste Schiller-Verein wurde hier gegründet.

› Haltestelle: Schlossplatz, U5, U6, U7, U12, U15. Fruchtkasten Di.–So. 10–17 Uhr, Eintritt frei, Musikpause 4 €

11 Stiftskirche ★★★ [D4]

Die unterschiedlich gestalteten Türme der Stiftskirche prägen die Silhouette der Stuttgarter Innenstadt. Der Südturm ist romanischen Ursprungs, der achteckige Westturm und das Kirchenschiff sind spätgotisch, aber das Gotteshaus wurde in seiner langen Geschichte mehrfach umgebaut und erneuert.

Die **größte und älteste Kirche der Stadt** wurde im Zweiten Weltkrieg weitgehend zerstört und musste in der Nachkriegszeit wieder aufgebaut werden. Bei der jüngsten Sanierung in den 1990er-Jahren machte man **überraschende Funde**, etwa alemannische Gräber aus der Zeit vor der Gründung des Pferdegestüts und der benachbarten Wasserburg durch Herzog Luitolf von Schwaben im 10. Jahrhundert (s. S. 101).

Dass bei der Modernisierung der Kirche das hölzerne Tonnengewölbe durch eine filigrane **Glas- und Stahlträger-Konstruktion** ersetzt wurde, sorgte für öffentliche Diskussionen. Besondere Beachtung verdienen die **elf Standbilder Württemberger Grafen** im Inneren der Kirche. Außerdem wurden nach der Renovierung einige **Bildwerke der Spätgotik** so platziert, dass sie erst jetzt richtig zur Geltung kommen, so der „Betende Ritter“

und die Reliefs der „Goldenen Kanzel" im Chor der Kirche. Sehenswert sind die schönen Reliefs am Lettner, daneben sind noch weit mehr **Originalskulpturen** aus der Zeit vom 13. bis zum 15. Jahrhundert zu betrachten, etwa die geretteten Schlusssteine des spätgotischen Gewölbes.

Im Zuge der einmal im Monat stattfindenden, kostenlosen **Kirchenführung** sind auch die Türme zugänglich. Dann lässt sich nach dem **Aufstieg auf den Westturm** auch der Ausblick auf die Stadt genießen. In diesem Turm hängt die 6000 kg schwere **Guldenglocke,** auch Osanna genannt, die die volle Stunde schlägt und an Festtagen geläutet wird. Außen ist am Westturm die große Turmuhr mit Württembergs größtem Zifferblatt angebracht. Es hat einen Durchmesser von über 5 Meter.

Eine Veranstaltung mit über 60-jähriger Tradition ist die **Stunde der Kirchenmusik,** die freitags um 19 Uhr beginnt. Chöre und Vokalensembles präsentieren dann geistliche Chormusik, ab und an stehen auch Orgelkonzerte auf dem Programm.

> Stiftsstr. 12, Haltestelle: Schlossplatz, U5, U6, U7, U12, U15, Tel. 294292, www.stiftskirche.de, täglich 10–16, Eintritt frei. Stunde der Kirchenmusik: Fr. 19 Uhr, Eintritt 10 €, ermäßigt 5 €, www.stiftsmusik-stuttgart.de. Die Kirchenführungen sind gratis, eine Spende ist sehr willkommen.

⑫ Markthalle ★★★ [D4]

Unter dem großen Glasdach der Jugendstilhalle kann man feinste Lebensmittel aus vielen Ländern und Spezialitäten der Region kaufen. 1914 wurde die heute denkmalgeschützte Markthalle eröffnet und seither gehört sie nicht nur zum Alltag der Stuttgarter, sondern auch zu den Sehenswürdigkeiten der Stadt.

Die Schwaben mögen zwar sparsam sein, doch wissen sie sehr genau, was gut ist. So ist der Einkauf hier nicht günstig, aber alles **von ausgesuchter Qualität**. In üppigen Auslagen findet man u. a. fernöstliche, persische, griechische, türkische, spanische, ungarische und italienische **Delikatessen** und sicher auch kulinarische Mitbringsel für zu Hause. Wer auf der Suche nach **schwäbischen Leckereien** ist, bekommt bei der **Erzeugergemeinschaft Schwäbisch-Hall** z. B. Dosenwurst, Salami, Landjäger, Lyoner und andere Wurstspezialitäten vom Schwäbisch-Hällischen Landschwein. Und wem die rund 30 Stände mit Leckerbissen **Appetit** ma-

032st Abb.: gk

◁ Vor den ungleichen Türmen der Stiftskirche wirkt die Merkursäule fast zierlich

chen, der kann im Marktstüble mit Biergarten, im italienischen Restaurant auf der Empore oder in der Fischhalle einkehren.

Obwohl die Markthalle als eine der schönsten Deutschlands gilt, wäre sie Anfang der 1970er-Jahre **beinahe abgerissen worden.** Gewaltiger öffentlicher Protest rettete die Halle, die seit 1972 unter Denkmalschutz steht. Einen Blick wert ist daher auch ihre Architektur: Im Innenraum setzte der Stuttgarter Architekt Martin Elsässer eine damals hochmoderne **Stahlbetonkonstruktion** ein, über die sich das **Glasdach** wölbt. Außen fand er eine **historisierende Formensprache** mit Arkaden, Türmchen, Erkern und volkstümlicher Wandmalerei, mit der sich der Bau seiner damaligen Umgebung anpasste.

Einen Blick wert ist auch der **Ceresbrunnen** zwischen den Treppenaufgängen zur Empore. Das Original der ursprünglich 1916 gebauten Figurengruppe aus grünblauen Majolikakacheln mit der römischen Fruchtbarkeitsgöttin, die von zwei Knaben flankiert wird, wurde Ende des Zweiten Weltkriegs zerstört. Der nach Originalplänen hergestellte neue Trinkwasserbrunnen kam 2009 dank Spenden zurück in die Markthalle.

› Dorotheenstr. 4, Haltestelle: Charlottenplatz, U1, U2, U4, U5, U6, U7, U12, U15, Tel. 480410, Gastronomie Tel. 4704400, www.markthalle-stuttgart.de, Mo.–Fr. 7.30–18.30, Sa. 7–17 Uhr

13 Karlsplatz ★★ [D4]

Besonders viel los ist auf dem Karlsplatz an den trubeligen Flohmarktsamstagen, wenn allerhand Trödler ihre Stände aufgebaut haben – ansonsten ist der hübsche, **von Kastanien gesäumte Platz** gegenüber der Markthalle 12 ein ruhiges Fleckchen. In der Platzmitte befindet sich ein **Reiterdenkmal zu Ehren Kaiser Wilhelms I.** Ein aus dunklen, riesigen Würfeln bestehendes **Mahnmal** beim Alten Schloss erinnert an die Opfer des Nationalsozialismus.

033st Abb.: sm

Das Areal zwischen Altem und Neuem Schloss ❹ wurde Ende des 18. Jahrhunderts eingeebnet, so entstand der Name „Planie", der heute die am Platz vorbeiführende Straße bezeichnet. Bis in die 1980er-Jahre diente der Karlsplatz noch als Parkplatz, seither ist er **Teil der Fußgängerzone.** Sein Flair zeigt sich auch im Winter, wenn ein Teil des Weihnachtsmarkts hier stattfindet.

Das sanierte **Alte Waisenhaus** an der Ecke zum Charlottenplatz beherbergt die **IfA-Galerie** (s. S. 67), die zeitgenössische Kunst, Design und Architektur anderer Kontinente präsentier. In seinem großen Innenhof befindet sich der **Biergarten Amadeus** (s. S. 78), der vom historischen Ambiente und der ruhigen Lage profitiert. Das wuchtige, **kräftig gelbe Gebäude** steht heute wie ein schützender Wall vor der Hauptverkehrskreuzung am Charlottenplatz. Im Jahr 1705 als Kaserne für die Leibgarde des Herzogs erbaut, wurde diese aber schon wenige Jahre später samt Residenz nach Ludwigsburg verlegt. Schon ab 1712 diente das Gebäude als Waisenhaus und blieb als solches über 200 Jahre lang, bis zum Jahr 1922, bestehen. Im 20. Jahrhundert verändert und im Zweiten Weltkrieg zerstört, wurde der monumentale Bau nach Plänen des Architekten Paul Schmitthenner schließlich wiederaufgebaut.

› Haltestelle: Charlottenplatz, U1, U2, U4, U5, U6, U7, U12, U15

◁ *Die schöne Jugendstilmarkthalle ⓬ ist ein echtes Feinschmeckerparadies*

⓮ Marktplatz ★★ [D5]

Der Stuttgarter Marktplatz ist von **Nachkriegsarchitektur** geprägt. Fünfmal täglich erklingt das Glockenspiel am Turm des **Rathauses** und zur Weihnachtszeit wird dessen Fassade zum größten Adventskalender der Stadt. Das 1956 eingeweihte Gebäude ersetzt den reich verzierten, neugotischen Vorgängerbau von 1905, der im Zweiten Weltkrieg teilweise zerstört wurde. Die beiden Architekten Hans Paul Schmohl und Paul Stohrer schufen bewusst Neues, nur der Rathausturm blieb erhalten, allerdings nicht in der ursprünglichen Form, sondern integriert: Der neue wurde quasi um den alten Turm samt Glockenspiel herumgebaut.

Auch die schmucken spitzgiebeligen Bürgerhäuser mit Fachwerk, Türmchen und Erkern rund um den Platz gibt es nicht mehr. An ihrer Stelle entstanden typische **50er-Jahre-Bauten** mit Flachdächern, die aber die alte Parzellierung beibehielten und mit ihrer kleinteiligen Gliederung einen eigenen Charme entwickeln. Vor allem an den dreimal wöchentlich abgehaltenen **Markttagen** zeigt sich der Platz von seiner schönsten Seite. Außer während des Wochenmarkts mit Erzeugnissen aus der Region steht der Platz auch beim **Weindorf** und **Weihnachtsmarkt** voller Buden.

Bei Regen flüchtet man in die nahe Markthalle ⓬ oder die **Karlspassage.** Die Ladenpassage bildet einen Teil des alteingesessenen Kaufhauses Breuninger (s. S. 89). Auf mehreren Etagen sind renommierte Mode- und Kosmetikmarken vertreten und das moderne Restaurant **(karls) kitchen** (s. S. 70) im Obergeschoss mit seinen Showküchen ist durchaus eine Alternative für die kulinarische Shop-

MEIN TIPP

Auf ein Gläschen

Müde Füße vom Shoppingbummel? Strategisch günstig zwischen Breuninger und Markthalle liegt die Bar Eduard's.

2 [D5] **Eduard's,** Sporerstr. 16, Haltestelle: Charlottenplatz, U5, U6, U7, U12, U15, Tel. 2112201, www.eduards-bar.de, Mo.–Fr. 10–22, Sa. 9.30–22 Uhr

pingpause. Hinter dem Kaufhaus eröffnete 2017 – mit Breuninger als Investor – das Dorotheen-Quartier mit Showrooms von Porsche bis Louis Vuitton.

› Haltestelle: Rathaus, U21, U24, www.dorotheen-quartier.de

15 Calwer Straße ★★ [C4]

Häuser aus dem 17. Jahrhundert (Nr. 40, 46 und 48), der **Barockzeit** (Nr. 38, 45 und 50), der **Gründerzeit** (Nr. 54) und aus der **Jugendstilepoche** (Nr. 62–64) reihen sich in dieser Straße aneinander. Die historischen Bauten wurden schon Mitte der 1970er-Jahre als Ensemble **unter Denkmalschutz** gestellt. Dazwischen stehen moderne Gebäude wie der spitzgiebelige Neubau mit Kupfer- und Glasfassade (Nr. 42–44).

Zwei **Durchgänge** führen in die parallel verlaufende **Calwer Passage,** eine Ladengalerie mit tonnengewölbtem Glasdach. In der belebten Straße, Teil der Fußgängerzone, befinden sich zahllose Geschäfte und Lokale. Sommers wird auch der Straßenraum für Plätze im Freien genutzt, dann tafelt man hier mittags Tisch an Tisch.

› Haltestelle: Stadtmitte/Rotebühlplatz, U2, U4, U14, U34, S1, S2, S3, S4, S5, S6, S60

16 Rund um den Hans-im-Glück-Brunnen ★ [D5]

Im **historischen Stadtkern** herrscht an lauen Sommerabenden geradezu italienisches Flair. Rund um den Hans-im-Glück-Brunnen haben sich unter Arkaden und in alten Giebelhäusern **Cafés** und **Bistros** ein hübsches Plätzchen gesichert. Hier treffen sich allabendlich Kneipengänger auf ein Bier oder zum Essen.

Die **Geißstraße** und die schönen **Altbauten** rundherum sind allerdings gar nicht so alt, wie sie wirken. Um die Wende zum 20. Jahrhundert waren die Verhältnisse in der dicht bebauten Stuttgarter Altstadt so katastrophal, dass hier von 1906 bis 1909 mehr als 80 baufällige Häuser abgerissen und an ihrer Stelle nur halb so viele neue errichtet wurden. Anlässlich der Umgestaltung entstand auch der **Hans-im-Glück-Brunnen,** der einen Filderbauern mit Schwein und Enten zeigt. Die damals noch schmaleren Gässchen verbreiterte man zu den Straßen und Plätzen, die heute wie eine Altstadtinsel in der 1960er-Jahre-City wirken. Die heutige „Altstadt" war also zugleich auch eine Altstadtsanierung.

› www.geissstrasse.de, Haltestelle: Rathaus, U1, U2, U4, U9, U14

MEIN TIPP

Falafel beim Vegi Stuttgart

Im Falafel-Lokal Vegi Stuttgart werden **vegane und vegetarische Imbisse** zubereitet, die bei Nachteulen wie bei Mittagspausierern gleich gut ankommen.

1 [D5] **Vegi Stuttgart** € , Steinstr. 13, Haltestelle: Rathaus, U1, U2, U4, U9, U14, www.vegi-stuttgart.de, Mo.–Mi. 11.30–22, Do. 11.30–24, Fr., Sa. 11.30–3 Uhr

17 Tagblatt-Turm ★ [D5]

Als **architektonische Sensation** entstand in Stuttgart zwischen 1924 bis 1928 ein 18-stöckiges Zeitungshaus. Das 61 Meter hohe Gebäude wurde für das liberale Neue Tagblatt errichtet und war das **erste Stahlbeton-Hochhaus Deutschlands.**

Wie die Weißenhofsiedlung 23 entsprang das heutige Architekturdenkmal des „Neuen Bauens" der gestalterischen Aufbruchsstimmung der 1920er-Jahre. Der damals noch unbekannte Stuttgarter Architekt **Ernst Otto Osswald** hatte den ausgeschriebenen Wettbewerb gewonnen und strebte mit seinem Bauwerk nicht nur mutig in die Höhe, sondern setzte weltweit erstmalig den Werkstoff Sichtbeton ein – die Außenfassade blieb unverputzt. Nach dem Willen der Auftraggeber sollte der Bau Ausdruck der „wachsenden Macht und Bedeutung der Presse" sein, doch nach der Machtergreifung der Nationalsozialisten änderten sich die Verhältnisse. 1943 wurde das Neue Tagblatt eingestellt. Von Kriegsende bis 1978 bezog die Stuttgarter Zeitung den Turm – die erste Ausgabe erschien am 18. September 1945 – dann wurden Redaktion und Produktion nach Stuttgart-Möhringen verlagert.

2004 wurde das von der Stadt erworbene, unter Denkmalschutz gestellte und umgestaltete Areal inklusive mehrerer Turmanbauten als **Kulturzentrum Unterm Turm** neu eröffnet. In die Gebäude zogen kulturpädagogische Einrichtungen für Kinder und Jugendliche sowie drei Theater, darunter – schon seit den 1980er-Jahren – das **Figurentheater Fitz!** (s. S. 83).

› Eberhardstr. 61, Haltestelle: Rathaus, U1, U2, U4, U9, U14

18 Leonhardsviertel und Bohnenviertel ★★ [D5]

Ihre offene Flanke zeigen die beiden **historischen Viertel** der mehrspurigen B14, der **Hauptverkehrsachse Stuttgarts**, durch die sie von der Innenstadt geradezu abgeschnitten sind. Parkhäuser wie das Züblin mit seinen 600 Stellplätzen, die betonierten Zufahrten zu den Straßentunneln sowie die Bauten zur ebenfalls stark befahrenen Charlottenstraße hin bilden den **typisch Stuttgarter Kontrast** zu alten **Giebel- und Fachwerkhäusern**, **Kopfsteinpflaster** und **Hinterhofidyllen.** Nur ein paar Meter von der lebhaften City entfernt, hat sich hier quasi als Insel eine innerstädtische Idylle erhalten, in der es beschaulich, ja geradezu dörflich zugeht.

Im **Leonhardsviertel** rund um die gleichnamige Kirche existieren **Szenebars** und **Rotlichtkneipen** einträchtig nebeneinander. Die Gassen zwischen Wilhelmsplatz und Pfarrstraße bilden zwar keinen Kiez im strengen Sinn einer Amüsiermeile, aber als Ausgehviertel ist das Quartier mit seiner Mischung aus Halbwelt und Szene dennoch *en vogue.* Dazu trägt auch der im Gustav-Siegle-Haus beheimatete **Bix Jazzclub** (s. S. 85) bei, der mit allabendlichen Konzerten für Leben sorgt. Zudem bringen Galerien, Bars, Kunst- und Designerateliers Flair ins Viertel. Was abends im Schein der Leuchtreklamen attraktiv wirkt, zeigt tagsüber aber auch trostlose Seiten – vermüllte Gehsteige, vernachlässigte Altbauten, trister Straßenstrich.

Wie das Leonhardsviertel gehört auch das **Bohnenviertel** zwischen Esslinger, Charlotten-, Olga- und Pfarrstraße baulich zu den schöne-

Stäffele

Die schönste, allerdings auch schweißtreibendste Art, Stuttgart kennenzulernen, sind die vielen „Stäffele". Wegen der Lage in einem Talkessel gibt es in Stuttgart **Hunderte dieser Treppen** – und jede ist anders. Die gepflegten, breiten oder verwunschenen, steilen, malerischen oder funktionalen Treppenwege führen in die höheren Lagen Stuttgarts – insgesamt **350 Meter Höhenunterschied** weist das Stadtgebiet auf. Viele dieser steilen Wege gehen ursprünglich noch auf die Zeit zurück, als die Hänge rund um Stuttgart von Winzern bewirtschaftet wurden. Als sich die Stadt im 19. Jahrhundert ausdehnte und neue Wohngebiete an den Hängen entstanden, wurden die alten **Weinbergstaffeln** durch Fußwege und Treppen ersetzt. Einige erhielten dabei **kunstvolle Geländer** und **Brunnenanlagen.** Zwei Drittel der rund 400 Treppenanlagen finden sich nahe der Innenstadt. Ein kleiner Abstecher treppauf lohnt sich überall.

Zu den bekanntesten Stäffele gehören die Eugenstaffel, die Sänger- und die Sünderstaffel, die Tauben- und die Hasenbergstaffel sowie Oscar-Heiler-, Willy-Reichert- und Georg-Elser-Staffel. Geführte Stäffelestouren (siehe Stadttouren, S. 124) haben so gut wie alle Anbieter von organisierten Stadttouren im Programm.

Am oberen Ende der **Eugenstaffel** [E/F4] belohnt alle unermüdlichen Treppenkletterer ein herrlicher Blick über die Dächer der Stadt. Der 1890 geschaffene **Galateabrunnen** (auch Herzog-Eugen-Brunnen oder Eugensbrunnen genannt) auf der Plattform ist einer der prächtigsten Brunnen der Stadt. Unterhalb der namensgebenden Meernymphe Galatea sprudelt von Mai bis September Wasser aus einem Löwenkopf in eine muschelartige Schale und von dort in ein größeres Becken. Wem der Stuttgart-Blick als Kompensation für die Mühsal des Aufstiegs noch nicht ausreichend scheint: Im Sommer sorgt die **Kult-Eisdiele Pinguin** (s. S. 75) für leckeres und erfrischendes Eis.

034st Abb.: gk

Die Eugenstaffel ist nur eine der vielen schönen Stuttgarter Treppenanlagen

ren Ecken der Stadt. Der Stadtteil erhielt seinen Namen, weil Hülsenfrüchte wie die Gartenbohne das Hauptnahrungsmittel der armen Bevölkerung waren und von den Tagelöhnern, Handwerkern und Weinbauern in ihren Vorgärtchen angepflanzt wurden – so die Legende. Das Viertel verwahrloste nach dem Zweiten Weltkrieg, die Häuser waren in desolatem Zustand und von Abriss bedroht. Seit der 1975 beschlossenen Sanierung entwickelte sich das Wohnquartier auch zum beliebten **Szeneviertel**, in dem sich kleine **Modegeschäfte**, **Trödel- und Plattenläden**, **Szeneshops** sowie gemütliche **Cafés** und **Weinstuben** angesiedelt haben. Bei der Sanierung des Quartiers in den 1980er-Jahren wurde versucht, erhaltenswerte Bausubstanz zu retten und um Neubauten zu ergänzen, ohne die historische Struktur und den Charme der Sträßchen zu zerstören.

› www.stuttgarter-bohnenviertel.de, Haltestelle: Charlottenplatz, U1, U2, U4, U5, U6, U7, U12, U15

19 Haus der Geschichte ★★ [E4]

Das Haus der Geschichte widmet sich historischen, wirtschaftlichen und politischen Themen im „Ländle". Während die Dauerausstellung mit einem Parcours sehr lebendig durch die Geschichte des deutschen Südwestens seit dem Jahr 1790 führt, geben Wechselausstellungen jeweils Einblick in besondere Aspekte.

Vitrinen im Eingangsbereich eröffnen mit einem **Baden-Württemberg-ABC** – quasi ein erster Eindruck vom Land in 26 Gegenständen – die Ausstellung. Es folgen Räume zum Vormärz und zur Revolution, zur Entwicklung des Nationalstaats und zu den Weltkriegen.

Im dritten Teil, dem sogenannten **Themenpark**, sind aktuellen Fragestellungen eigene Räume gewidmet, dem „Nachbar Frankreich", der Wirtschaft und der Wissenschaft, dem Schwarzwald oder der Migration. Ob interaktive Landkarten oder Bäume, aus denen sich Informationen ziehen lassen, Vergangenheit wird hier mit atmosphärischen Bildern, Texten, Filmen und interaktiven **Infostationen modern in Szene gesetzt.**

Die **Sonderausstellungen** sollen neue Blickwinkel auf die Gegenwart und auf die Landesgeschichte eröffnen – „Stuttgart 21" kann da nicht fehlen, aber auch Fußball und Alltagsgeschichten sowie Historisches wie der Widerstand im Dritten Reich oder die Integration Heimatvertriebener werden beleuchtet.

› Konrad-Adenauer-Str. 16, Haltestelle: Staatsgalerie, U1, U2, U4, U9, U14, Tel. 2123989, www.hdgbw.de, Di.–So. 10–18, Do. bis 21 Uhr, Eintritt 5 €, ermäßigt 2,50 €, Kombiticket Dauer- und Sonderausstellung 8 €, erm. 4 €, Do. ab 18 Uhr freier Eintritt

MEIN TIPP

Die Rolle der Polizei in Demokratie und Diktatur

Zum Haus der Geschichte gehört auch das **Museum Hotel Silber**, die einstige Zentrale der Gestapo. Das Gebäude sollte dem Dorotheen-Quartier geopfert werden, wurde nach Protesten aber erhalten. An dem einstigen Ort des NS-Terrors beschäftigt sich die interessante Ausstellung mit Tätern und Opfern, mit der Institution Polizei an sich und ihrer Rolle.

3 [E4] **Hotel Silber**, Dorotheenstr. 10, www.geschichtsort-hotel-silber.de, Tel. 2124040, Di.–So. 10–18, Mi. bis 21 Uhr, Eintritt frei

20 Staatsgalerie Stuttgart ★★★ [F3]

Die Neue Staatsgalerie mit ihren bunten Stahlkonstruktionen gilt als eines der bedeutendsten Werke postmoderner Architektur in Deutschland. Ihre Sammlung vereint Kunst vom 14. bis zum 21. Jahrhundert.

Das Gebäude wurde von dem Briten **James Stirling** entworfen, dem 1992 verstorbenen Star der Architekturszene. Sein Entwurf überzeugte im 1977 ausgeschriebenen städtebaulichen Wettbewerb durch die gelungene **terrassenartige Einbindung in die Hanglage** und die **Integration historischer Bausubstanz** in ein modernes Formenvokabular. Partner bei der Umsetzung war das Stuttgarter Büro Wilford Schupp Architekten. Kritiker warfen dem Projekt Monumentalismus vor, doch nach Fertigstellung des Museumsbaus überwog die Zustimmung. Heute gilt die Neue Staatsgalerie als Hauptwerk der Postmoderne und eines der Stuttgarter Wahrzeichen.

Röhren in Blau und Pink, grasgrüne Fensterstreben und Fußböden, geschwungene Baukörper – an **Mut und Witz** hat es dem Architekten nicht gemangelt, als er den eigenwilligen Neubau in unmittelbarer Nachbarschaft zur würdevollen Alten Staatsgalerie entwarf. Im Innern bezieht sich Stirling mit streng **u-förmiger Anordnung der Galerienräume** auf die **Alte Staatsgalerie** und nimmt auch Elemente klassischer repräsentativer Museumsbauten auf. 1984 wurden Alte Staatsgalerie und Neue Staatsgalerie vereint, in einem jüngeren Erweiterungsbau ist die **Graphische Sammlung** untergebracht. Die Alte Staatsgalerie wurde ursprünglich 1843 eröffnet, den Grundstock für die Galeriebestände bildeten allerdings schon die Kunstschätze der württembergischen Herzöge.

Die **Kunstwerke aus acht Jahrhunderten** werden auf den imposanten

035st Abb.: gk

12.000 m² Ausstellungsfläche, verteilt auf Alt- und Neubau, präsentiert. Den Hintergrund bilden nicht mehr grellweiße, sondern farbige oder graue Wände. Zu den Highlights der „Altdeutschen Malerei" gehört die Graue Passion, eine Darstellung der Passionsfolge in mehreren Altartafeln von Hans Holbein d. Ä., und der Herrenberger Altar von Anfang des 16. Jahrhunderts.

Neben den altdeutschen Meistern sind Italiener und Niederländer wie Tiepolo, Rubens und Rembrandt Stars der Sammlung. Die klassische Moderne ist mit hochkarätigen Werken von Picasso, Monet und Kokoschka verteten. Dem Triadischen Ballett von Oskar Schlemmer sowie den Werken von Joseph Beuys sind einzelne Räume gewidmet, letzteren richtete der Künstler selbst ein. Der Parcours durch die europäische Kunstgeschichte endet mit zeitgenössischen Werken.

Eine kleine Ausstellung mit Modellen und Plänen ist **dem Schaffen James Stirlings gewidmet**, der das Bild der Stuttgarter Kulturmeile nachhaltig prägte. Zu dem von ihm entworfenen Ensemble an Bauten an der Kulturmeile gehört neben dem benachbarten **Haus der Geschichte** 19 auch noch die **Musikhochschule** (s. S. 85) mit dem charakteristischen Turm (und einer bedeutenden Orgelsammlung).

› Konrad-Adenauer-Str. 30–32, Haltestelle: Staatsgalerie, U1, U2, U4, U9, U14, Tel. 470400, www.staatsgalerie.de, Di.–So. 10–17, Do. bis 20 Uhr, Eintritt 7 €, ermäßigt 5 €, bis 20 Jahre frei, Mi. freier Eintritt in die Sammlung

Eine Ikone der postmodernen Architektur – die Neue Staatsgalerie

Stuttgart-Nord und -Ost

Im Norden der Stadt, am Killesberg, befinden sich nicht nur die teuersten Wohnviertel der Stadt, sondern auch der schöne Höhenpark, ein attraktives Parkareal und Teil des „Grünen U". Unterhalb der Anhöhe lohnt die spektakuläre Architektur in der Weißenhofsiedlung einen Abstecher, dann zieht sich der Grünzug mit dem Rosensteinpark und dem Naturkundemuseum über die berühmte Wilhelma bis zum Unteren und Mittleren Schlossgarten.

21 Chinagarten ★★ [D1]

Eine der Attraktionen der **Internationalen Gartenbauausstellung 1993** im Rosensteinpark war der Chinagarten, der von der baden-württembergischen **Partnerprovinz Jiangsu** (Ostchina) errichtet wurde. Einen dauerhaften Platz fand der winzige, durch eine Mauer von der Außenwelt getrennte Garten anschließend in der Birkenwaldstraße/Ecke Panoramastraße, nachdem sich Privatleute und Firmen finanziell und ideell für den Erhalt des viel besuchten Nationengartens eingesetzt hatten.

Der „Garten der schönen Melodie" soll **die Welt im Kleinen** widerspiegeln. Geschichtete Steine stellen Gebirge dar, Teiche entsprechen den Meeren, Gartenpflanzen der natürlichen Vegetation. Der Name entstammt der chinesischen Vorstellung, nach der nicht nur Musikinstrumente, sondern auch Berg und Wasser eine schöne Melodie ergeben, und so sprudelt denn auch ein kleiner Wasserfall auf dem nur 1500 m² großen Gelände. Das aus Kieselsteinen gepflasterte Yin- und Yang-Symbol am Eingang weist auf die chinesische Vorstellung der Gegensätze hin. In der Anlage steht auch der **Pavillon der vier Himmelsrichtungen** mit seiner charakteristischen hochgebogenen Dachform. Vom chinesischen Garten bietet sich eine schöne Aussicht auf Stuttgarts Talkessel und die umgebenden Höhen.

› Birkenwaldstraße, Haltestelle: Im Kaisemer, Bus 44, www.chinagarten-stuttgart.de, täglich 7 Uhr bis zur Dämmerung, Eintritt frei

22 Höhenpark Killesberg ★★★ [bh]

Auf dem Killesberg im Norden der Stuttgarter Innenstadt befindet sich mit dem Höhenpark eine der schönsten Grünanlagen Süddeutschlands. Das abwechslungsreiche Areal auf der Anhöhe ist Teil des „Grünen U“, zu dem seit der Internationalen Gartenbauausstellung im Jahr 1993 Schlossgarten und mehrere Grünzüge und Parks verbunden sind.

Auf ein unrühmliches Kapitel gleich zu Beginn seiner Existenz blickt der Landschaftspark allerdings zurück: Im Jahr 1939 anlässlich der Reichsgartenschau unter der Leitung des Gartenarchitekten Hermann Mattern angelegt, war das Gelände Mitte 1941 Sammelplatz für jüdische Bürger, die von hier aus in verschiedene Konzentrationslager deportiert wurden. Ein **Gedenkstein für die Opfer des Nationalsozialismus** erinnert daran. Nach dem Krieg wurde der Park wieder hergerichtet und im Jahr 1950 schließlich eröffnete Bundespräsident Theodor Heuss hier die Deutsche Gartenbauausstellung.

Blumenfreunde und botanisch interessierte Besucher finden vom Frühjahr bis zum Spätherbst eine **beeindruckende Blütenpracht** vor. Zwischen Wiesen, Bäumen, Sträuchern und Trockenmauern kann man verschiedene **Schaugärten** entdecken. Zwischen Tausenden blühenden Tulpen erfreuen die **Krokuswiesen** und das **Primeltal** im Frühjahr die Menschen. Die **Sommerblumenwiese** und die **Staudenterrassen** unterhalb vom Killesbergturm leuchten in satten Farben. Zwischen **Tierwiese** und **Spielplatz** kann man ebenfalls ein buntes Blütenmeer bewundern – auf einer Fläche von 2500 m² sind die verschiedensten Dahliensorten angepflanzt. Mit rund 200 Sorten ist die Dahlienschau im Höhenpark Killesberg neben der auf der Insel Mainau eine der größten Deutschlands. Es gibt ein **Astilbental**, ein **Wildfloratal** und den **Königskerzenhang**, der nicht nur dekorativen Zwecken dient, sondern auch den Hang vor dem Abrutschen schützt. Das **Tal der Rosen**, am schönsten zur Blütezeit, wird durch einen märchenhaften **Seerosenteich** begrenzt. Der **Flamingosee** bietet Wasservögeln wie Flamingos, Schwänen, Enten und Gänsen eine Heimat.

Schwungvoll schraubt sich die Seilnetzkonstruktion des **Killesbergturms** 43 Meter in die Höhe. Von seinen Plattformen genießt man einen wunderbaren Blick auf Stuttgart und in die Weite, den Park zu Füßen. Der Stuttgarter Ingenieur Jörg Schlaich entwarf den 2001 eingeweihten filigranen Aussichtsturm auf dem höchsten Punkt des Killesbergs. Gehalten wird er von in der Erde verankerten Stahlseilen und auch um die vier Plattformen in 8, 16, 24 und 31 Meter Höhe spinnt sich nur ein Netz aus diesen Seilen – für Schwindelfreie kein Thema, für andere eine Herausforderung. Mehr als 2200 Menschen könnte die geniale Konstruktion tragen – bei einem derartigen

Belastungstest möchte man aber schon aus Platzgründen nicht dabei sein. Für Auf- und Abstieg gibt es gleich zwei Treppenanlagen, die sich in Form einer Doppelhelix um den zentralen Mast schlingen.

Im Sommer zuckelt ein **Schmalspurbähnchen** durch den Höhenpark. Mit den drei „Tazzelwurm", „Santa Maria" und „Springerle" genannten Dampfloks oder den zwei Dieselloks „Blitzschwoab" und „Schwoabapfeil" rattert die Kleinbahn über die knapp 2,1 Kilometer lange Strecke. Schon in den 1920er-Jahren verkehrte eine erste Bahn und auch die jetzige Liliputeisenbahn hat schon einige Jahrzehnte auf dem Buckel – sie wurde 1939 zur damaligen Reichsgartenschau installiert. Ein großes Vergnügen für die Kleinen sind auch die noch betagteren **Jahrmarktsattraktionen** wie das **über 100 Jahre alte Karussell**, die alte **Schiffsschaukel** und die **Wurfbude.** Auf der großen Tierwiese grasen Ponys, Schafe, Ziegen und Lamas, der 3000 m² große Spielplatz gilt als einer der schönsten der Stadt.

Erholung und Unterhaltung für Erwachsene und für Kinder bieten das **Höhenfreibad Killesberg** und die **Freilichtbühne.** Abhilfe bei Hunger oder Durst schaffen das **Höhencafé Killesberg** mit großer Terrasse und der **Biergarten** unterhalb der Sommerblumenwiese. Nachtschwärmer genießen lauschige Sommernächte in der **Diskothek Perkins Park** (s. S. 82) oder der denkmalgeschützten **Milchbar.** Sie gilt als stilbildender Bau der 1950er-Jahre; ihr Architekt Rolf Gutbrod war auch an vielen anderen Stellen in Stuttgart tätig und unter anderem auch maßgeblich am Bau der Liederhalle (s. S. 85) beteiligt. Der abends beleuchtete **Steinbruch** mit seinen charakteristischen roten Wänden gehört zu den stimmungsvollsten Bereichen der Anlage. Einst wurde hier Sandstein abgebaut, den man zur Konstruktion vieler Gebäude in der Stadt verwendete. Die Treppen und Mauern im Park wurden aus rotem Schwarzwaldsandstein gefertigt, außerdem zieren zahlreiche **Kunststationen** die Anlage.

Am Rand des Parks, auf dem ehemaligen Messegelände, freigeworden durch den Umzug auf die Fildern, entstand das Stadtquartier Killesberghöhe. Inzwischen verbindet die 8 km lange **„Grüne Fuge"** den Höhenpark mit dem Landschaftsschutzgebiet Feuerbacher Heide.

› **Höhenpark Killesberg,** Haltestelle: Killesberg, U5, www.killesbergturm.de, geöffnet bis Einbruch der Dunkelheit,

MEINE TIPPS

Lichterfest

Einmal jährlich erleuchten Mitte Juli nach Sonnenuntergang **Fackeln, Lampions und Kerzen** den Höhenpark. Zehntausende von Besuchern genießen die Lichteffekte und das **Feuerwerk, Livemusik** und die Atmosphäre der Sommernacht.

› www.stadtwerke-lichterfest.de

Theodor-Heuss-Haus

1959, nach dem Ende seiner zweiten Amtszeit als **Bundespräsident,** zog sich Theodor Heuss nach Stuttgart zurück. Am Killesberg hatte er ein ganz bescheidenes, kleines **Einfamilienhaus** gebaut, in dem er nur vier Jahre später, im Dezember 1963 verstarb. In seinem letzten Domizil ist heute ein **Museum** (s. S. 66) untergebracht, in dem in mit originalen Einrichtungsgegenständen **rekonstruierten Räumen** an den Staatsmann, der hier politischen Besuch empfing und an seinen Memoiren arbeitete, erinnert wird.

069st Abb.: sm

beim Besteigen des Turms wird man gebeten, 1 € in einen Kasten zu werfen.

› **Parkeisenbahn,** Haltestelle: Killesberg, U7, www.killesbergbahn.de, April–Sept. Mo., Di., Do., Fr. 14–17.30, Mi., Sa., So. 11–17.30 Uhr, Ticket 3 €, Kinder bis 6 Jahre 1,50 €, Schüler 2,50 €, Familien 7,50 €

4 [ch] **Theater in der Badewanne,** Stresemannstr. 39, Haltestelle: Messe, Bus 39, Tel. 2573825, www.theater-in-der-badewanne.de. Von März bis Nov. bringt das Theater im Park Märchen und witzige Tiergeschichten mit Puppen auf die Bühne.

Luftiger Blick auf das Blumenparadies: der Turm auf dem Killesberg 22

23 Weißenhofsiedlung ★★ [ci]

Mit der Weißenhofsiedlung blieb richtungweisende Architektur der Bauhaus-Zeit erhalten: In den 1920er-Jahren zählten die Bauten von Le Corbusier und Mies van der Rohe zur Avantgarde der architektonischen Moderne. Mit kubistischer Strenge setzte man sich von der Naturornamentik des Jugendstils wie vom Prunk der Belle Epoque ab.

Ab 1927 entstand in Stuttgart unter der Leitung von **Ludwig Mies van der Rohe** ein ganzes Ensemble von Bauten. Beteiligt waren mehr als ein Dutzend später weltberühmter Architekten aus Deutschland, Belgien, den Niederlanden, Österreich und der Schweiz, darunter mit **Walter Gropius, Hans Scharoun, Hans Poelzig, Peter Behrens, Bruno Taut** und **Le Corbusier** einige der wichtigsten Baumeister des 20. Jahrhunderts. Anlass für die Mustersiedlung war die Bauausstellung „Die Wohnung", Initiator der Deutsche Werkbund (DWB). Angesichts der schlechten wirtschaftlichen Lage in der Weimarer Republik waren Wohnbauten gefragt, die mit geringen finanziellen Mitteln in kurzer Bauzeit errichtet werden konnten. **Rationelles Bauen** wurde erprobt, etwa durch Vorfabrikation der einzelnen Bauteile und Verwendung neuer Materialien wie Stahl und Eisenbeton. Sichtbarstes Zeichen der Modernität waren die **Flachdächer.**

Der geradlinige, schnörkel- und schmucklose Stil der **Neuen Sachlichkeit** passte zur Aufbruchsstimmung der 1920er-Jahre. Zur Eröffnung der Mustersiedlung kamen eine halbe Million Menschen. Insgesamt **21 Einfamilien-, Doppel-, Reihen- und Mehrfamilienhäuser** mit rund 60 Wohnungen entstanden, radikal modern und für die Zeitgenossen ein Schock: Hier gab es weder Giebeldächer, noch Fensterläden oder Gauben.

Ziel des Neuen Bauens war es, ein beispielhaftes Wohnprojekt für den modernen Großstadtmenschen zu schaffen, das zugleich erschwingliche, gesunde, sonnige und gut durchlüftete Architektur ermöglichte. Bei der **Reduktion auf das Wesentliche** machten sich auch die **Reformbewegungen der Zeit** bemerkbar. J.J.P. Oud aus Rotterdam brachte beispielsweise kleine, sichtgeschützte Höfe, Wohn- und Hauswirtschaftsräume auf minimaler Fläche unter – aktuell wie nie. Und weit vor ihrer Zeit sollten flexible Grundrisse ein Maximum an Freiheit gewährleisten. Anderen seiner Kollegen geriet der Bau dann doch zur Villa, inklusive Dienstmädchenkammer.

Von Traditionalisten und selbst Architekten wie Paul Bonatz als „Vorstadt Jerusalems" geschmäht, verschärfte sich der Ton 1933, nach der Machtergreifung der Nationalsozialisten, noch: Als „Araberdorf „und **„entartete Architektur"** galt die Weißenhofsiedlung, gänzlich **„undeutsch"** seien Flachdächer. Ein Wettbewerb für einen neuen Gebäudekomplex auf dem Gelände war schon ausgeschrieben. Während aber anderswo im Dritten Reich solche ungeliebten Bauten wie das Kugelhaus in Dresden tatsächlich abgerissen wurden, verhinderte dies in Stuttgart der **Zweite Weltkrieg.** Bei den Luftangriffen 1944 wurden jedoch zehn der 21 Häuser zerstört.

Noch in der Nachkriegszeit tat man sich schwer mit dem revolutionären Bauerbe. Dass die Siedlung seit 1958 **unter Denkmalschutz** steht und heute als klassische Moderne und Baudenkmal von internationalem Rang geschätzt wird, verdankt sie dem Einsatz des Vereins „Freunde der Weißenhofsiedlung", der auch eine gründliche Sanierung bewirkte.

In einer Hälfte des Doppelhauses der französisch-schweizerischen Architekten Le Corbusier und Pierre Jeanneret befindet sich das **Museum** (s. S. 66) zur Geschichte der Siedlung, die andere Hälfte zeigt das Haus im rekonstruierten Zustand in den Originalfarben von 1927. Seit 2016 zählen die Stuttgarter Le-Corbusier-Häuser zum UNESCO-Welterbe, zusammen mit anderen Bauten des Architekten weltweit.

› Am Weißenhof, Bruckmannweg, Pankokweg, Friedrich-Ebert-Straße, Hölzelweg, Rathenaustraße, https://freunde-weissenhof.de, https://weissenhofmuseum.de, Haltestelle: Kunstakademie. Führungen durch das Musterhaus werden vom Weißenhofmuseum (s. S. 66) veranstaltet, Di.–Sa. 15, So. 11 und 15 Uhr, Dauer etwa 45 Minuten, Tickets 5 €, ermäßigt 4 €, große Führung (90 Minuten, inklusive Rundgang durch die Siedlung) 7,50 €, ermäßigt 5 €.

24 Pragfriedhof ★★ [ci]

Bei seiner Eröffnung im Jahr 1873 befand sich der Pragfriedhof noch weit vor der Stadt, doch längst ist die **atmosphärische Grünanlage** im Norden Stuttgarts nah an die City gerückt. Im Zentrum von Haupt- und Querallee steht die **Feierhalle**, ein 1907 fertiggestellter Jugendstilbau. Das einzige **Krematorium** der Stadt entstand in einer Zeit, als neben Erd- auch zunehmend Feuerbestattungen Anklang fanden, obwohl evangelische und katholische Kirche sie nicht guthießen bzw. sogar verboten (inzwischen haben sich neben Urnengräbern und Kolumbarien ja auch Baumgräber und Rasengräber eingebürgert). Da der große, parkartige Friedhof unterhalb des Pragsattels am Hang liegt, ist das wuchtige Gebäude trotz des dichten Baumbestands auch aus der Ferne sichtbar.

Auf dem großen Stadtfriedhof fanden einige **prominente Stuttgarter** ihre letzte Ruhestätte. Der Dichter Eduard Mörike ist hier begraben, ebenso der Luftschiffkonstrukteur Ferdinand Graf von Zeppelin, die Kabarettistin und Sängerin Claire Waldoff, der Maler Willi Baumeister, die Verleger Wilhelm Kohlhammer und Alfred Kröner, der Buchhändler Konrad Wittwer, die Malerin Käte Schaller-Härlin sowie auch mehrere Stuttgarter Bürgermeister und Württemberger Staatspräsidenten.

Seitlich der **Martinskirche** (Eckartstraße 2) befindet sich der **Israelitische Friedhof**, der im 19. Jahrhundert angelegt und nach Ende der Nazidiktatur wieder instandgesetzt wurde. Etwas nördlich, rechterhand der Otto-Umfrid-Straße, bilden die Gleisreste des einstigen Inneren Nordbahnhofs eine **Gedenkstätte** für die von hier **in die Konzentrationslager deportierten jüdischen Bürger.** Als „Zeichen der Erinnerung" stehen die Namen der Opfer auf einer langen Mauer entlang des Geländes. Bei Kriegsende im Jahr 1945 lebten von einst knapp 5000 Stuttgarter Juden nur noch rund einhundertzwanzig in der Stadt. Über 2000 konnten rechtzeitig emigrieren, die anderen wurden deportiert und in den meisten Fällen umgebracht.

› **Pragfriedhof**, Friedhofstr. 44, Haltestelle: Pragfriedhof, U12, Tel. 21698254, täglich 7.30 Uhr bis zur Dämmerung

› **Zeichen der Erinnerung**, Otto-Umfrid-Straße, Haltestelle: Mittnachtstraße, U15, www.zeichen-der-erinnerung.org, Eintritt frei

25 Stadtbibliothek am Mailänder Platz ★★ [cj]

Für die moderne Stadtbibliothek entwarf der koreanische Architekt **Eun Young Yi** einen großen, 40 m hohen **Würfel**, der eigentlich von einer Wasserfläche umgeben sein sollte, was sich aber aus technischen und finanziellen Gründen nicht realisieren ließ. Der „Solitär, der sich als Kubus auf sich selbst bezieht", ist inzwischen umzingelt von den charakterlosen Neubauten des **Europaviertels.** Nachts wird die Bibliothek blau illuminiert, dadurch entfaltet die **Fassade aus Glasbausteinen** ihre größte Wirkung und ihre geometrische Struktur kommt besonders zur Geltung.

Im Innern des von allen Seiten zugänglichen Baus setzt sich die Symmetrie der Fassade fort. Das Zentrum bildet der 14 m hohe **Galeriesaal.** Das sogenannte **„Herz"**, ein in seiner Strenge und Leere beeindruckender Hohlraum, der über vier Geschosse reicht und nur durch ein zentrales Oberlicht belichtet wird, scheint aber keinem wirklichen Zweck zugedacht.

In den fünf Geschossen über dieser zentralen Halle sind an den Wänden Bücher aufgereiht, aber auch alle anderen Medien wie Filme, Spiele, CDs, DVDs und Noten werden bereitgestellt. Es lohnt sich, ganz nach oben zu fahren, und das nicht nur wegen des Zugangs zur **Dachterrasse** mit Rundumblick auf die Stuttgarter Hänge (9–18 Uhr). Sehenswert ist auch der Blick vom obersten Geschoss nach unten in die trichterförmig abgetreppten Galerien, die wie eine **umgedrehte Stufenpyramide** angelegt sind. Ein derartiges gestuftes Emporensystem mit umlaufenden Bücherwänden, die sich pro Etage immer weiter von der Raummitte zurückziehen, haben auch andere Architekten als Bibliothekslösung eingesetzt. In Stuttgart beschert der Anblick dieses hellen Zentralraums das beeindruckendste Erlebnis des Besuchs.

Im Eingangsbereich kann man auf Großbildschirmen abgefilmten **Autorenlesungen** via Kopfhörer lauschen. Besucher, die die Stadtbibliothek erkunden möchten, können sich an der Informationstheke im Erdgeschoss kostenlos **Audioguides** ausleihen und auf zwei verschiedenen Routen auf Entdeckungstour gehen. Die **Architektur-Route** erläutert das Konzept des Bibliotheksneubaus, wo z.B. die Energiesparmaßnahmen wie die Photovoltaikanlagen auf dem Dach und die Geothermiepfähle, mit denen Erdwärme genutzt wird, interessant sind. Auf künstliche Lüftungsanlagen konnte fast komplett verzichtet werden. Die **Bibliotheks-Route** stellt das Angebot und dessen Nutzung vor, inklusive der automatischen Transportanlage und der „Bibliothek für Schlaflose", in der auch nachts noch Bücher ausgeliehen werden können.

› Mailänder Platz 1, Haltestelle: Türlenstraße, U5, U6, U7, U12, U15, Tel. 21691100, https://stadtbibliothek-stuttgart.de, Mo.-Sa. 9-21 Uhr, Führungen nach vorheriger telefonischer Anmeldung (Tel. 21696500)

037st Abb.: gk

Von außen wirkt die Bibliothek vor allem beleuchtet spektakulär

038st Abb.: gk

Innen beeindruckt der Blick auf die pyramidenartig angeordneten Etagen über der zentralen Halle

26 Museum am Löwentor ★★ [dh]

Die Sammlungen des Naturkundemuseums verteilen sich auf zwei Häuser. Das Museum am Löwentor zeigt berühmte Fossilienfunde.

Die Sammlungen des Naturkundemuseums gehen auf das **Kunst- und Naturalienkabinett der Herzöge von Württemberg** zurück. Die frühesten heute noch erhaltenen Objekte stammen daher aus dem 16. Jahrhundert. In solchen Kunst- und Wunderkammern gab es nicht nur Kleinodien und Preziosen aus Gold und Silber, Juwelen, Bernstein und Elfenbein, sondern auch Raritäten der Natur – begehrt waren Straußeneier, Hörner von „Einhörnern“ (eigentlich Narwalzähne), Monsterperlen, Natternzungen (eigentlich fossile Haifischzähne), Schildkrötenpanzer und Seeschneckengehäuse. Die Vielfalt der **Kuriositäten** spiegelt sich im ältesten Inventarbuch aus dem Jahre 1654 wider. Es trägt die Überschrift „Inventarium über die Fürstl. Kunst Cammer allhie zu Stuttgarten“ und verzeichnet etwa „Fünf Schlangenzungen von Malta“ oder „Bezoar, oriental.“, den Eingeweidestein der in Persien heimischen Bezoarziege. Im Laufe des 19. Jahrhunderts wurden die Bestände des Naturalienkabinetts noch beträchtlich aufgestockt. Zu den ältesten Exponaten gehört der 250.000 Jahre alte **Schädel des Steinheimer Urmenschen**, der somit wesentlich älter als der Neandertaler ist.

Im **Museum am Löwentor** steht die **„Urzeit“** im Mittelpunkt. Schwarzer, Brauner, Weißer Jura, Muschelkalk und Buntsandstein sind hier nicht nur Gesteinsarten, sondern bezeichnen ganze Zeitalter. Versteinerte Tiere und Pflanzen sind wichtige Informationsquellen über die Evolution des Lebens von den Sauriern bis heute. Zwar sind so gut wie nie Häute oder Felle erhalten, doch auch so lassen sich Rückschlüsse auf Aussehen und Körperbau ziehen. Für das Museum wurden von Wissenschaftlern sechs große, zum Teil begehbare **Landschaften** geschaffen, in denen täuschend echte **Nachbildungen urzeitlicher Tiere** Erdmittelalter, Erdneuzeit und Eiszeit anschaulich machen.

› Rosenstein 1, Haltestelle: Nordbahnhof, U15, oder Löwentor, U13, U15, Tel. 89360, www.naturkundemuseum-bw.de, Di.–Fr. 9–17, Sa., So. 10–18 Uhr, Eintritt 5 €, ermäßigt 3 €, Kombiticket mit Schloss Rosenstein 28 für jeweils 2 € mehr, Mi. ab 13 Uhr freier Eintritt

27 Rosensteinpark ★ [dh]

Der Rosensteinpark gilt als einer der **bedeutendsten Landschaftsparks Südwestdeutschlands.** Der klassische „englische“, also nach dem Vorbild der Natur mit Wiesen und Bäumen angelegte Park entstand zwischen 1824 und 1840 unter König Wilhelm I. von Württemberg nach Plänen des Hofgärtners **Johann Bosch.** Der König kaufte dafür den Cannstatter Bürgern alle auf dem Kahlenstein gelegenen Parzellen ab.

Heute gehört der Park mit seinem alten Baumbestand dem Land Baden-Württemberg und steht unter **Denkmalschutz.** Der etwa 65 Hektar umfassende Rosensteinpark, der im Südwesten gegenwärtig noch durch Gleise, nördlich durch die Pragstraße und die Wilhelma 29 begrenzt wird, geht im Südosten nahtlos in den Unteren Schlossgarten 31 über.

› Haltestelle: Nordbahnhof, U15, oder Löwentor, U13, U15, oder Mineralbäder, U1, U2, U14 oder Rosensteinpark, U13

28 Museum Schloss Rosenstein ★★ [di]

Im zweiten Teil des Naturkundemuseums ist die biologische Sammlung beheimatet. Allein schon durch ihre Größe beeindrucken ein präparierter Elefantenbulle aus Afrika und ein 13 Meter langer Seiwal, um dessen originales Skelett Außenhaut und Innenleben künstlich modelliert wurden.

Die **Zerstörungen des Zweiten Weltkriegs** trafen Stuttgart besonders hart und dabei bildete auch das **klassizistische Schloss Rosenstein** keine Ausnahme. Das 1824 bis 1829 durch Hofbaumeister Giovanni Salucci errichtete Schlösschen im gleichnamigen Park wurde wieder aufgebaut, die einstige prachtvolle Ausstattung ist aber verloren. Das Schloss wurde ursprünglich von König Wilhelm I. als Landhaus für sich und seine Frau Katharina geplant, diese starb aber schon vor Beginn der Bauarbeiten.

Heute ist in den Räumen des Schlosses die **biologische Sammlung des Naturkundemuseums** untergebracht, in der die **Pflanzen- und Tierwelt** aus unterschiedlichen Perspektiven beleuchtet wird. Bedrohte und ausgerottete Arten werden vorgestellt und statt einzelner Tiere oder Pflanzen werden ganze Lebensräume vom Polareis bis zum Regenwald behandelt, um die Vielfältigkeit unterschiedlicher Biotope greifbar zu machen. Auch die heimische Natur kommt nicht zu kurz: Große Dioramen zeigen beispielsweise die Lebensgemeinschaften von Pflanzen und Tieren im Laubwald und im Hochmoor.

› Rosensteinpark, Haltestelle: Mineralbäder, U1, U2, oder Wilhelma, U14, Tel. 89360, www.naturkundemuseum-bw.de, Di.–Fr. 9–17, Sa., So. 10–18 Uhr, Eintritt 5 €, ermäßigt 3 €, Kombiticket mit Museum am Löwentor 26 für jeweils 2 € mehr, Mi. ab 13 Uhr freier Eintritt

29 Wilhelma ★★★ [dh]

Der botanisch-zoologische Garten setzt fotogen Pflanzen und Tiere aus aller Herren Länder in Szene, deshalb ist die gelungene Kombination aus botanischem Garten und Tierpark auch ein Mekka für Hobbyfotografen. Die historischen Bauten im orientalischen Stil liefern für alle Aufnahmen den farbenprächtigen Hintergrund.

Als 1829 im Park von Schloss Rosenstein Mineralquellen gefunden wurden, fasste Wilhelm I., König von Württemberg, den Entschluss, sich hier am Fuß des sonnigen Hangs ein Badehaus bauen zu lassen. Erst Jahre später entstand das villenartige Gebäude, nicht mehr als Bad, sondern als **Landhaus im „maurischen Stil“**. Für den Architekten Karl Ludwig von Zanth mag auch die Alhambra im

Im Schloss Rosenstein kam ein Teil des Naturkundemuseums unter

Baden in Champagner

Dem „Berger Urquell“ verdankt das **Mineralbad Berg** (s. S. 122) seinen Namen. Das kohlensäurehaltige Wasser des Schwimmbads nahe dem Schlossgarten perlt und prickelt so sehr, dass früher vom **„Baden in Champagner“** gesprochen wurde. Und auch das Mineralbad Das Leuze (s. S. 122) am Neckar und das SoleBad in Cannstatt (s. S. 122) profitieren vom Stuttgarter „Untergrund“ oder, genauer gesagt, den großen Mineralwasservorkommen dort. Wo immer hier in die Erde gebohrt wird, blubbert es, selbst im Neckar treten noch Quellen zutage und machen sich mit Luftblasen bemerkbar. **500 l pro Sekunde** schütten die Stuttgarter Mineralquellen aus, in ganz Europa hat nur Budapest größere Vorkommen.

In den Mineralbädern links und rechts des Neckars sorgt das prickelnde Nass für Wellness und Wohlbefinden, an den vielen öffentlichen Trinkbrunnen füllt man es sich für den Hausgebrauch ab. Dass es in Stuttgart gang und gäbe ist, sich das Wasser selbst zu zapfen, ist jedoch nicht ausschließlich der schwäbischen Sparmentalität geschuldet. Ohnehin ist eine Kiste Sprudel beim Getränkehändler wohl kaum der Posten, der dem Portemonnaie wirklich wehtut. Doch der Stuttgarter ist vor allem auch Genießer: Bei einem **Geschmackstest** der Stuttgarter Zeitung wurden verschiedene Sprudel und Quellwässer aus Cannstatt und Umgebung verglichen – das Wasser der Auquelle schnitt am besten ab. Es hat mit dem oft säuerlichen Geschmack anderer Quellen nichts gemein und übertraf beim Test auch die Mineralwässer aus dem Supermarkt. Den besten Sprudel gibt es also gratis vor der Haustür. Und der ist so beliebt, dass man am Wochenende sogar mit kurzen Wartezeiten rechnen muss – kanister- oder flaschenweise sind hier sparsame oder gesundheitsbewusste Stuttgarter mit der Eigenabfüllung beschäftigt.

Die **Auquelle,** zwischen Wilhelma und Kraftwerk Münster an der Neckartalstraße unterhalb des Neckardammwegs gelegen, ist an der Glassäule mit innenliegendem Wassersprudler leicht zu erkennen. Als Entnahmestelle dient ein Becken mit Abfüllhahn. Nur wenige Meter entfernt führt der Mühlsteg zum anderen Neckarufer.

Unter www.stgt.com/brunnen/home.htm zeigt eine Karte ein Dutzend weitere öffentliche Trinkbrunnen in Bad Cannstatt.

› www.stgt.com/brunnen/muhlstgd.htm

066st Abb.: gk

Die Auquelle sprudelt für jeden sichtbar an der Neckartalstraße

spanischen Granada als Vorbild gedient haben – als „Alhambra am Neckar“ wurde die Wilhelma weit über Stuttgart hinaus bekannt. Später kamen reich verzierte **Gewächshäuser aus Gusseisen und Glas** hinzu, **Wasserspiele** sowie eine **Gartenarchitektur** von exotischem Reiz. 1846 zur Hochzeit des Kronprinzen Karl eingeweiht, diente das Areal zunächst als Refugium für den sich immer mehr abkapselnden König Wilhelm I., der es zur **orientalischen Märchenwelt** ausgestalten ließ. Noch in seinem Todesjahr entstand 1864 die **Damaszenerhalle,** benannt nach der Stadt Damaskus, die ein Zentrum des maurischen Baustils war. Als einziges historisches Bauwerk der Wilhelma hat die Damaszenerhalle, die zur Fasanen- und Hühnerhaltung diente, den Krieg unbeschädigt überdauert.

König Karl, der Sohn König Wilhelms I., **öffnete das Ensemble für die Öffentlichkeit.** Ab 1880 stand es jedem offen und nach dem Ersten Weltkrieg ging das Gelände in Staatsbesitz über. Mittelpunkt der symmetrisch angelegten barocken Gartenanlage ist der **Maurische Garten** mit Wasserbassins und Seerosen mit meterbreiten Blättern. Im maurischen Garten lustwandelte schon der König und einige der über 70 **Magnolienbäume** stammen noch aus dieser Zeit. Ihre Blüte, etwa ab Ende März (je nach Länge des Winters), hinterlässt einen unvergesslichen Eindruck.

Die ausgedehnten **Blumenbeete** im historischen unteren Teil der Wilhelma werden zweimal jährlich neu bepflanzt. Dabei werden Farben und Formen für jedes Beet einzeln geplant. Im Frühjahr wird der Besucher von einem Blumenmeer aus Vergissmeinnicht, Stiefmütterchen, Tulpen und Narzissen empfangen. Die Auswahl der rund 60.000 Sommerblumen orientiert sich an den Vorbildern islamischer Gärten mit Arten wie Zinnien, Hibiskus, Tagetes und Levkojen.

Wer angesichts der Gartenpracht und exotischer Tiere noch Sinn für die **Bäume** hat, kann markante Exemplare und Raritäten entdecken, riesige Ginkgos und Mammutbäume, eine Gurken-Magnolie und mit Dornen besetzte Gleditschien. Auf der Website der Wilhelma kann ein ausführlich kommentierter Rundgang für Baumfreunde abgerufen werden (daneben gibt es Anregungen für Schmuddelwetter und den Feierabend, für Botanikfans und Aquarianer).

Wilhelm I. war es um Entspannung gegangen – erst nach dem Zweiten Weltkrieg verwandelte man die Wilhelma in einen **botanisch-zoologischen Garten,** um sie für Besucher

039st Abb.: gk

Seerosenteich und maurische Architektur in der Wilhelma

062st Abb.: gk

Sehenswert sind auch die Glasgewächshäuser der Wilhelma 29

attraktiver zu machen. Die Überreste des maurischen Landhauses wurden restauriert und zur **Tropenhalle** umgebaut, in den gusseisernen **Gewächshäusern** befinden sich das Kakteenhaus und die Farnhäuser. Historisch sind auch die Gewächshäuser zum Neckar hin, der **Belvedere-Pavillon** oberhalb des Landhauses, der kleine Überrest des **Maurischen Festsaals** und der **Eingangspavillon.**

Neu erbaut wurden die **Freigehege** und **Tierhäuser** wie die Krokodilhalle an der Stelle des einstigen Festsaalbaus. Über der **Vogelvoliere** spannt sich ein geschwungenes Netzdach – Ähnlichkeiten mit dem Münchner Olympiapark sind kein Zufall. Architekt Fritz Auer arbeitete im Büro Behnisch, das in München verantwortlich zeichnete, und schuf in der Wilhelma auch noch das **Amazonienhaus.** In diesem Gewächshaus wird es tropisch schwül. Die „grüne Hölle" in diesem Treibhaus ist ein Stück tropischer Regenwald – mit üppigen Pflanzen und Tieren gleich ein ganzes Ökosystem statt nur einzelner Arten. Auch **Aquarium** und **Schmetterlingshaus** sind Höhepunkte der Anlage. Inzwischen erneuert wurden das **Gehege für die Elefantendamen** und die Anlage für die **Menschenaffen.**

› Neckartalstr., Haltestelle: Rosensteinbrücke, U13, oder Wilhelma, U14, Tel. 54020, www.wilhelma.de, täglich ab 8.15, je nach Monat bis 16.30/20, im Winter nur bis 15.30 Uhr (Zeiten variieren übers Jahr, detaillierte Informationen auf der Website), Eintritt 20 €, ermäßigt (Kinder/Jugendliche, Studierende) 8/13 €, Familien mit 1 Erw. 25 €, mit 2 Erw. 42 €, Abend- und Wintertarif 15 €, ermäßigt 5,50/10 €, Familien mit 1 Erw. 17,50 €, mit 2 Erw. 29,50 €

30 Villa Berg und Park ★ [ei]

Die im **italienischen Renaissancestil** erbaute **Villa Berg** diente dem württembergischen Kronprinzen Karl und seiner Frau, der russischen Zarentochter Olga, als Sommersitz. Die denkmalgeschützte **Parkanlage** entstand Mitte des 19. Jh. Der rund 24 Hektar große Landschaftspark wurde von Friedrich Neuner auf einer Anhöhe am Neckar angelegt, die Villa baute Christian Friedrich Leins. Nach einer Italienreise erwies sich der junge Architekt als Könner in der Nachahmung historischer Baustile.

1913 gingen die Villa und der Park in den Besitz der Stadt über. Im **Zweiten Weltkrieg** wurde das Gebäude zerstört und danach **vereinfacht wieder aufgebaut.** Ab Mitte der 1960er-Jahre diente es dem Süddeutschen Rundfunk (später SWR) als Studio und Sendesaal. Zur Bundesgartenschau 1977 wurde die Parkanlage saniert und über Stege mit dem Schlossgarten verbunden. Seit 2016 gehört die Villa der Stadt, die sie zu einem **Haus der Musik** machen will – die Eröffnung ist allerdings erst für Ende 2028 geplant.

› Villa Berg 1, Haltestelle: Mineralbäder, U1, U2, oder Metzstraße

31 Unterer und Mittlerer Schlossgarten ★★ [F1]

Der Schlossgarten folgt dem früheren Lauf des heute verrohrten Nesenbachs bis zum Neckar. Zusammen mit dem Oberen Schlossgarten mitten in der Innenstadt bildet der langgezogene Stadtpark einen großen Teil des „Grünen U".

Der Untere und der Mittlere Schlossgarten reichen bis hinunter zum Neckar. Hier wird **Schach** und **Boule gespielt**, der **Schlossgartensee** mit dem Café am See umrundet, auf Wiesen geträumt oder gelesen.

Nahe der Haltestelle „Mineralbäder" symbolisieren zehn **„Berger Sprudler"** die reichen Mineralwasservorkommen der Stadt. Aus den fünf Meter hohen Betonkegeln, die 1977 zur Bundesgartenschau gebaut wurden, quillt jedoch nur gewöhnliches Neckarwasser – oder leider meistens nichts, da sie abgestellt oder teilweise auch nicht mehr funktionstüchtig sind.

MEIN TIPP

Ausspannen im Schlossgarten

5 [E2] **Biergarten am Schlossgarten,** Am Schlossgarten 18, Tel. 2261274, www.biergarten-schlossgarten.de, Mai–Okt. täglich 10.30–1 Uhr. Der gut besuchte Biergarten (Selbstbedienung) im Grünen ist auch ein beliebter Ort für Public Viewing bei Fußballspielen. Derzeit rückt der Bauzaun von „Stuttgart 21" (s. S. 108) der großstädtischen Idylle recht nahe.

Vom **Neuen Lusthaus,** das Ende des 16. Jh. unter Herzog Ludwig an der Stelle, an der sich heute das Kunstgebäude 6 befindet, errichtet worden war, blieb nur noch eine **Ruine** erhalten. Mitte des 18. Jh. zum Opernhaus, Mitte des 19. Jh. zum Königlichen Hoftheater umgestaltet, war bei einem Brand im Jahr 1902 fast das komplette Gebäude zerstört worden. Der erhaltene Teil der Arkaden mit Treppenaufgang steht seither im Mittleren Schlossgarten. Der große **Biergarten** mit 2000 Plätzen ist auch zum Public Viewing bei Fußballevents und zum Sonntagsfrühschoppen bei Livemusik beliebt.

Mittlerer und Unterer Schlossgarten sind die Bereiche, die durch „Stuttgart 21" am meisten verändert werden. Der Protest bezüglich des Großprojekts entzündete sich auch an der Frage, wie mit den Parkanlagen umgegangen werden soll. Nach den Plänen der Bahn wird die Grünanlage **um 20 Hektar erweitert** und durch den Abriss der Gleisanlagen **von allen Seiten zugänglich** und **mit der Stadt verbunden** – dies sei eine städtebauliche Jahrhundertchance und zudem gut für das Stadtklima und eine Art Wiedergutmachung am Park. Der bisher bestehende **Höhenunterschied** zwischen Gleis- und Grünanlagen soll durch eine Geländemodellierung des Bahndamms ausgeglichen werden, die begrenzende Mauer entfallen.

Schöne, aber verwaiste Plätze wie beim **Amphitheater** oder bei den **Rossebändigern,** der zweiteiligen Skulpturengruppe aus Carraramarmor von Ludwig von Hofer, könnten neu belebt werden, die berühmte **Platanenallee** würde nicht mehr an den Rand gedrängt, sondern könnte ihre alte Funktion als zentrale Achse zurückgewinnen.

Den **Gegnern des Projekts** fiel allerdings negativ auf, dass von insgesamt 100 freiwerdenden Hektar Fläche nur ein geringer Teil als öffentlicher Raum genutzt werden soll. Der große Rest wurde dagegen als Bauland zu Geld gemacht. Dass direkt am Schlossgarten bezahlbarer, für Familien attraktiver, autofreier Wohnraum entsteht, wird von ihnen angezweifelt. Investoreninteressen und Immobilienspekulation sprächen eher dafür, dass mitten im Stuttgarter Zentrum Luxusquartiere für Besserverdienende direkt im Grünen geplant seien.

Bevor das erhöht gelegene Schloss Rosenstein 28 seine alte Rolle als Fluchtpunkt einer Blickachse zurückerhalten kann, stehen zunächst die **mehrjährigen Bauarbeiten** an. Dafür wurden bereits rund **280 Bäume** im Schlossgarten **gefällt**.

› Haltestelle: Hauptbahnhof, U5, U6, U7, U12, U14, U15, U29, S1, S2, S3, S4, S5, S6, S60

32 Planetarium ★ [F2]

Im Gegensatz zur Sternwarte 33 zeigt das Planetarium einen **künstlichen Sternenhimmel**, der aber dank der digitalen 360-Grad-Ganzkuppel-Projektionsanlage so brillant dargestellt werden kann, wie ihn sonst nur Raumfahrer sehen. Das **wechselnde Programm** mit etwa einstündigen Vorstellungen im Kuppelsaal wird mit Lasershows und Vorstellungen zum nächtlichen Sternenhimmel oder neuen Entdeckungen in fernen Galaxien bestritten. Auch Reisen durch den menschlichen Körper oder Naturphänomene können mit der neuen Technik simuliert werden.

Der ungewöhnliche Bau des Stuttgarter „Sternentheaters“ in Form einer **Stufenpyramide** wurde in den 1970er-Jahren von der Carl-Zeiss-Stiftung ermöglicht. Der berühmte Zeiss-Projektor – Universarium-Modell IX – blieb bei der Renovierung des denkmalgeschützten Planetariums erhalten.

› **Carl-Zeiss-Planetarium,** Willy-Brandt-Str. 25, Haltestelle: Staatsgalerie, U1, U2, U4, U9, U14, Tel. 21689015, www.planetarium-stuttgart.de, Kasse und Planetarium öffnen jeweils 1 Std. vor den Vorführungen, Eintritt vormittags 5 €, nachmittags/abends 8 €, ermäßigt 5 €

33 Sternwarte und Uhlandshöhe ★ [G3]

Anfang der 1920er-Jahre wurde auf der Uhlandshöhe ein **Sandsteinturm mit einer Stahlblechkuppel** erbaut, die sich für die installierte Fernrohranlage aufschieben lässt. 1922 eröffnet, ist die Stuttgarter eine der ältesten **öffentlichen Sternwarten** Deutschlands: Man wollte auch der breiten Bevölkerung die Astronomie näherbringen. Nach kriegsbedingter Pause in der Nachkriegszeit wiedereröffnet, erhielt die Sternwarte 1952 den noch heute genutzten **Zeiss-Refraktor.** Fast täglich kann nun nach Einbruch der Dunkelheit der Sternenhimmel beobachtet werden, bei bewölktem Himmel finden allerdings keine Vorführungen statt. Auch von der Grünanlage auf der Uhlandshöhe bietet sich übrigens ein toller Blick auf den Stuttgarter Kessel.

› **Schwäbische Sternwarte,** Zur Uhlandshöhe 41, Haltestelle: Heidehofstraße, U15, Tel. 281871, www.sternwarte.de, Führungen Jan.–März, Okt.–Dez. Mo., Mi.–Sa. 20 Uhr, April, Sept. Mo., Mi.–Sa. 21 Uhr, Mai–Aug. Mo., Mi.–Sa. 22 Uhr, Sonnenführung März–Okt. So. 14 Uhr, Eintritt 4 €, ermäßigt 3 €, Familien 10 €

Stuttgart-Süd und -West

Kulturstätten, Grünanlagen, Aussichtspunkte, zu denen man mit altgedienten Bahnen gelangt, und der Stuttgarter Fernsehturm bilden attraktive Ziele im Stuttgarter Westen und Süden.

34 Linden-Museum ★ [B2]

Alle Kontinente vereint in einem Museum: Im Linden-Museum macht man eine unterhaltsame Weltreise zu fremden Völkern und Kulturen.

Seinen Namen verdankt die geschichtsträchtige Sammlung, die zu den größten ethnologischen Museen Europas zählt, **Karl Graf von Linden** (1838–1910). Er pflegte wissenschaftliche Kontakte in die ganze Welt, legte den Grundstock für die völkerkundliche Sammlung und holte auch berühmte Forscher wie Sven Hedin und Roald Amundsen nach Stuttgart. Zudem amtierte er als Vorsitzender des „Vereins für Handelsgeografie", der Zeugnisse fremder Kulturen sammelte und sich zum Bau des 1911 eröffneten Museums entschloss, um das Kulturverständnis zu fördern.

MEIN TIPP

Sterne des Südens und Schätze des Westens

Einmal im Jahr präsentiert sich der **Stuttgarter Süden** beim **Tag der offenen Tür.** Mitte September heißen Geschäfte, Ateliers, Institutionen und Selbstständige dann Besucher willkommen. An einem zweiten Termin laden Künstler und Kunsthandwerker in den **Stuttgarter Westen** ein.

› www.stuttgart-sued.info und www.schaetze-des-westens.de

Neben der Dauerausstellung geben **Sonderschauen** und ein Rahmenprogramm an **Veranstaltungen** Einblick in **Kunst- und Kulturgeschichte außereuropäischer Völker.** Die **Dauerausstellung** selbst ist regional untergliedert und widmet sich den traditionellen Kulturen in Afrika, dem islamischen Orient, Nord- und Lateinamerika, Süd- und Ostasien sowie Ozeanien. Zum Teil wird dem Besucher eine **atmosphärische Inszenierung der Alltagskultur** geboten, etwa mit einer afghanischen Basarstraße, einem bolivianischen Hirtenhaus oder einem nigerianischen Markt.

› Hegelplatz 1, Haltestelle: Hegelplatz, Bus 40 und 42, Tel. 20223, www.lindenmuseum.de, Di.–Sa. 10–17 Uhr, So. 10–18 Uhr, Eintritt 4 €, ermäßigt 3 €, bis 12 Jahre frei

35 Hoppenlaufriedhof ★★ [B3]

Der Hoppenlaufriedhof ist eine der **ältesten Begräbnisstätten Stuttgarts.** Das gesamte Ensemble des schon 1626 angelegten Friedhofs nahe der Liederhalle steht unter **Denkmalschutz.** Der **Gesamteindruck** ist auch das, was den Friedhof so reizvoll macht, nicht einzelne Gräber. Schon seit 1880 finden hier keine Beerdigungen mehr statt, deshalb sind viele Grabstellen stark verwittert und die Inschriften kaum oder gar nicht mehr lesbar. Der verwunschene alte Stadtfriedhof hat eine ganz eigene Atmosphäre, ist aber zugleich auch ins Heute eingebunden, weil die Studierenden der nahen Universität und andere Fußgänger ihn auf ihren Wegen gerne als Abkürzung nehmen.

Die Anlage ist eine Station der **Schwäbischen Dichterstraße,** die rund 70 literarische Gedenkstätten im Land verbindet. Steinerne Grabmäler erinnern an einige Schriftsteller, als bekannteste Wilhelm Hauff, Gustav Schwab und Christian Friedrich Daniel Schubart. Der Märchendichter Hauff, 1802 in Stuttgart geboren, wurde nur knapp 25 Jahre alt. Neben ihm und seinen Kollegen wurden auch der Verleger Johann Friedrich Cotta und die Scherenschnittkünstlerin Luise Duttenhofer hier zur letzten Ruhe gebettet.

Sehenswert ist auch der durch eine Mauer abgegrenzte **jüdische Teil.** Er wurde ab 1834 angelegt und ist der erste jüdische Friedhof in Baden-Württemberg, der in einen Stadtfriedhof integriert wurde. Dicht an dicht reihen sich hier die Grabsteine aneinander.

› Rosenbergstr. 7, Haltestelle: Berliner Platz, U2, U4, U14, U29, U34 oder Hegelplatz, Bus 40, 42 und 43, März–Nov. Mo.–Sa. ab 7.15 Uhr, So. und täglich im Dez.–Febr. ab 8 Uhr bis zur Dämmerung. Fünf Eingänge, mit angeschlagenen Lageplänen.

36 Berliner Platz ★ [B4]

Die denkmalgeschützte Liederhalle als reines Konzerthaus ist Teil eines großen, international anerkannten Kongresszentrums. Auch im benachbarten Bosch-Areal sind Kultur- und Medieneinrichtungen untergebracht.

Im Zweiten Weltkrieg zerstörten Brandbomben bei einem schweren Luftangriff auf Stuttgart die alte Liederhalle. In den 1950er-Jahren wurde am selben Ort die neue **Liederhalle** (s. S. 85) nach einem Entwurf der Architekten Rolf Gutbrod und Adolf Abel erbaut und fand damals internationale Beachtung. Außer für seine Architektur ist der 1956 eröffnete **Beethovensaal** mit dem Grundriss eines Konzertflügels und 2000 Plätzen vor allem für seine hervorragende Akustik bekannt. Mit **Silchersaal** und **Mozartsaal** sind noch zwei kleinere Konzerträume in der Liederhalle untergebracht. Wolfgang Henning erweiterte den Konzertbau 1991 zum heutigen Kultur- und Kongresszentrum Liederhalle.

Das benachbarte **Bosch-Areal** entwickelte sich vom Firmensitz eines Weltkonzerns zum **Kulturtreff.** Um die Wende zum 20. Jahrhundert hatte Robert Bosch hier einst eine Werkstatt gegründet, die zur Keimzelle des Weltunternehmens wurde. Bis zum Ersten Weltkrieg hatte sich die Produktionsstätte schon zu einer großen Fabrikanlage erweitert, für die die Architekten Carl Heim und Jacob Früh damals sehr moderne Entwürfe vorlegten: Die drei Fabrikgebäude, 1910 bis 1912 erbaut, sind die ältesten Sichtbetonbauwerke Baden-Württembergs. Anfang der 1970er-Jahre verließ die Firma Bosch ihr Werksgelände mitten in der Stadt. Die Industriearchitektur sollte eigentlich abgerissen werden, doch eine Bürgerinitiative konnte dies verhindern. Seit der Modernisierung unter Leitung des Architekten Roland Ostertag siedelten sich hier **Medienbetriebe** und **Kulturinstitutionen** an, darunter das **Literaturhaus** (s. S. 67) mit kleiner Buchhandlung und ein großes **Multiplexkino.**

Nördlich angrenzend ist beim Hotel Maritim ein typisches Beispiel für „Stuttgarter Kontraste" zu entdecken. Zwischen dem Hotel mit seiner zeittypischen funktionalen Architektur und dem benachbarten Hoppenlaufriedhof 35 steht die **Alte Reithalle.** Als Bankett- und Festsaal wurde das denkmalgeschützte Stahl- und

MEIN TIPP

Geschichten aus Stuttgart

Irene Ferchl hat für den Verlag Klöpfer & Meyer die lesenswerte Anthologie **„Geschichten aus Stuttgart"** zusammengestellt, in der Einheimische, Zugezogene und Durchgereiste, Lokalpatrioten und Nestflüchter zu Wort kommen. Literarische Tipps per Mausklick für ganz Baden-Württemberg finden sich auf www.literaturland-bw.de.

Glas-Gebäude aus den 1880er-Jahren einfach in den Hotelkomplex integriert. Hier finden Tagungen und teils auch Konzerte sowie Filmfeste statt. Die schöne historische Mehrzweckhalle mit einer filigranen Dachkonstruktion aus weitgespannten Eisenträgern besaß einst eine ovale Manege für Reit- und Zirkusdarbietungen. Von den 1920er-Jahren an hatte die Robert Bosch AG die Halle zur Werkshalle umfunktioniert. Seit Anfang der 1990er-Jahre gehört die wieder zum echten Schmuckstück sanierte Reithalle zur Hotelkette Maritim.

› **Bosch-Areal,** Breitscheidstraße/Seidenstraße, Haltestelle: Berliner Platz, U2, U4, U14, U29, U34

37 Weißenburgpark ★ [E8]

Ende des 19. Jahrhunderts erwarb **Ernst von Sieglin** die klassizistische **Weißenburg-Villa** in Stuttgart-Süd. Der Unternehmer ließ den Park umgestalten und 1912/1913 auf der Anhöhe einen kleinen Pavillon, das sogenannte **Teehaus,** und den **Marmorsaal** bauen, die heute als beliebtes Ausflugslokal (s. S. 79) beziehungsweise als Veranstaltungsort genutzt werden. Die Sieglin-Erben verkauften den gesamten Besitz Mitte der 1950er-Jahre an die Stadt Stuttgart.

Anlässlich der **Bundesgartenschau 1961** wurde der Park zu einer etwa fünf Hektar großen öffentlichen Grünanlage umgestaltet und die Villa kurze Zeit später abgerissen. An der höchsten Stelle des Weißenburgparks befindet sich heute eine **Aussichtsplattform** mit einmaligem Blick auf die Stuttgarter Innenstadt. Der Park ist Teil eines Grüngürtels, der sich bis zum Wernhaldenwald beim Haigst hinaufzieht.

› Mörikestr. 24, Haltestelle: Bopser, U5, U6, U7

38 Städtisches Lapidarium ★★ [B7]

Steinerne Überreste in einer historischen Parkanlage bilden eine Art romantisches Freilichtmuseum zur Bau- und Kulturgeschichte der Landeshauptstadt.

In dem am Fuße der Karlshöhe gelegenen Lapidarium der Stadt Stuttgart sind über zweihundert Bruchstücke und **Überreste zerstörter oder abgerissener Bauten** der Stadt zu sehen. So bieten unter anderem steinerne Türumrahmungen eines Hauses aus der Marktstraße in Bad Cannstatt und einer Mühle in Berg sowie weitere historisch wertvolle Portale zerstörter Häuser und des Hoppenlaufriedhofs, Konsolen, Reliefs und Plastiken einen **interessanten Zugang zur Stadtgeschichte.**

Den reizvollen Park hatte zu Beginn des 20. Jahrhunderts ein Fabrikant im **Stil der italienischen Renaissancegärten** anlegen lassen. Aus seinem Besitz stammen auch die römischen Antiken in der **Wandelhalle.** In der Nachkriegszeit bemühte man sich, hier auch aus den im Zweiten Weltkrieg entstandenen Trümmerhaufen gerettete Kulturdenkmale für die Nachwelt zu erhalten. Heute kümmert sich das Stadtarchiv um Pflege und Instandhaltung der 1950 eröffneten Sammlung.

In der zauberhaften Atmosphäre des „steinernen Gartens“ mit Terrassen, Brunnenhof, Wandelgang und altem Baumbestand fernab vom Verkehrslärm der Innenstadt fühlt man sich wie in einer ruhigen Oase.

› Mörikestr. 24, Haltestelle: Marienplatz, U1, U9, U34, Tel. 2164448, Mai–Sept. Mi. 15–19, Sa., So. 14–18 Uhr, Eintritt frei

39 Karlshöhe ★★ [A7]

Zum 25-jährigen Regierungsjubiläum von König Karl im Jahr 1889 wurde der 343 Meter hohe Reinsburghügel im Süden der Innenstadt in Karlshöhe umgetauft. Zu diesem Zeitpunkt entstand auch die öffentliche Grünanlage auf der Anhöhe als **Landschaftspark im englischen Stil** mit Bogenbrückchen. Hundert Jahre später war der Park rund um die Mulde eines ehemaligen Steinbruchs recht verwildert und zugewachsen. Vom Stuttgarter Verschönerungsverein, der schon 1864 hier eine Linde gepflanzt hatte, wurde die Anlage nach historischem Vorbild wieder hergerichtet.

Renoviert wurde auch der **Pallas-Athene-Brunnen** an der Nordseite des Hügels, der ebenso wie die **Willy-Reichert-Staffel** in die Liste der Stuttgarter Kulturdenkmale aufgenommen wurde. Diese nach einem stadtbekannten schwäbischen Schauspieler und Humoristen benannte Treppenanlage führt mit mehr als 400 Stufen wieder hinunter in den Talgrund bis zur Tübinger Straße.

Während der NS-Zeit sollte auf der Karlshöhe ein 160 Meter langes und 120 Meter breites Gebäude für den „Reichssender Stuttgart“ errichtet werden, das kriegsbedingt nicht realisiert wurde. Zur Bundesgartenschau 1961 entstand eine **Milchbar**, in der heute den Sommer über der Biergarten Tschechen & Söhne (s. S. 79) mit Blick über die Stadt öffnet.

› Haltestelle: Silberburg-/Reinsburgstraße, Bus 9

40 Seilbahn ★★★ [am]

Die erste vollautomatische Standseilbahn der Welt, ein nostalgisches Überbleibsel aus der Vergangenheit, ist kein Museumsstück, sondern bringt nach wie vor Besucher vom Südheimer Platz im Stadtteil Heslach zum Waldfriedhof 41.

Bekannt ist sie als **„Erbschleicherexpress“** oder **„Lustige-Witwen-Bahn“**, denn auch Trauergesellschaften mitsamt Kränzen und Blumenschmuck nahmen früher das Bähnchen. Die **denkmalgeschützte Holzbahn** aus dem Jahr 1929 überwindet auf einer 536 Meter langen Strecke 87 Höhenmeter. An jedem Ende eines langen Stahlseils hängt ein Wagen. Während der eine auf den Schienen aufwärts strebt, gleitet der andere über die mit bis zu 28 Prozent geneigte Strecke herunter.

Die **Fahrzeuge** mit viel Teakholz und Messing sind äußerlich noch fast im Originalzustand und auch Anlagen und Gebäude sind nach aufwendiger technischer Sanierung noch weitgehend als **historisches Ensemble** erhalten. So ist die Standseilbahn nicht nur ein Verkehrsmittel im Verkehrsverbund Stuttgart, sondern auch ein faszinierendes Technikdenkmal – und sie läuft wie am Schnürchen.

041st Abb.: sm

› Südheimer Platz, Haltestelle: Südheimer Platz, U1, U14, www.ssb-ag.de, täglich 9.10–17.50 Uhr etwa alle 20 Min. Es gelten die normalen Tarife des VVS (s. S. 129).

41 Waldfriedhof ★ [am]

Stuttgarts größter Friedhof im Süden der Stadt wurde 1913 im Degerlocher Forst angelegt. Hier im lichten Mischwald wird mit einem **Ehrenfeld** und einem **Ehrenhain** der Gefallenen des Ersten und Zweiten Weltkriegs gedacht. Zahlreiche **Grabstätten bekannter Persönlichkeiten** machen den Friedhof zu einem Stück Stuttgarter Geschichte – der Firmengründer Gottlob Bauknecht, Paul Bonatz, der Architekt des Hauptbahnhofs, der Industrielle Robert Bosch, Kaufhausgründer Eduard Breuninger, Bundespräsident Theodor Heuss und seine Frau Elly Heuss-Knapp, der Maler Adolf Hölzel, die Malerin Ida Kerkovius, Fritz Leonhardt, der Bauingenieur des Fernsehturms, der Fernsehproduzent Michael Pfleghaar, der Künstler Oskar Schlemmer und der Tenor Wolfgang Windgassen fanden hier ihre letzte Ruhe.

Oberbürgermeister Manfred Rommel sorgte dafür, dass 1977 die **RAF-Terroristen** Andreas Baader, Gudrun Ensslin und Jan-Carl Raspe nach ihrem Selbstmord in Stammheim trotz

Hat schon über 90 Jahre auf dem Buckel: die Seilbahn zum Waldfriedhof

MEIN TIPP

Zahnradbahn

Wer beim Waldfriedhof 41 zusätzlich einen Spaziergang einplanen möchte, der kann ein Stück über den **Blaustrümpflerweg** bis nach Degerloch laufen – immer der blauen Socke nach, mit der der Weg ausgeschildert ist.

Mit **einer der letzten Zahnradbahnen Deutschlands** gelangt man anschließend wieder hinunter in den Talkessel: Seit 1884 ist die „Zacke" in Betrieb. Als Linie 10 der Stuttgarter Straßenbahnen verbindet sie den Marienplatz im Stuttgarter Süden über die Alte Weinsteige mit dem Stadtteil Degerloch. Übrigens: Bergauf dürfen Fahrräder mitgenommen werden.

› Bergstation in Degerloch, Talstation am Marienplatz, dort Verbindung mit U1, U9, U34

massiver Proteste und erboster Schlagzeilen ein Begräbnis auf dem benachbarten **Dornhaldenfriedhof** erhielten.

› Waldfriedhof 3, Haltestelle: Waldfriedhof, Standseilbahn ab Stadtbahnhaltestelle Südheimer Platz, Tel. 21660840, täglich von 7.30 Uhr bis zur Dämmerung

42 Fernsehturm ★★★ [dm]

Wenn es Nacht wird, strahlt hoch über dem Talkessel auf dem Hohen Bopser in Degerloch das schlanke Wahrzeichen der Stadt.

Als **erster Fernsehturm der Welt** ist das 1956 in Betrieb genommene Stuttgarter Exemplar sozusagen das Urmodell für alle folgenden. Und für viele ist der elegante Prototyp nach wie vor auch der schönste Fernsehturm. Das unter Denkmalschutz stehende Bauwerk in Degerloch gilt als **architektonisches Meisterwerk:** Das technisch Notwendige wurde filigran und ästhetisch gestaltet. Der Turm erhebt sich 217 Meter hoch auf dem südlichen Höhenrand. Kein anderer Punkt ermöglicht einen so **grandiosen Ausblick** auf die Stadt und über Weinberge und Neckartal bis zur Schwäbischen Alb und zum Schwarzwald.

Vorgeschlagen hatte die Betonkonstruktion der Stuttgarter Statiker und Brückenbauer **Fritz Leonhardt** (1909–1999). Zuvor waren solche Antennentürme, wie ihn der Süddeutsche Rundfunk bauen wollte, hässliche, mit Seilen abgesicherte Metallgittermasten. Sein Gegenentwurf sah eine **Betonnadel** mit einem **zylindrischen Korb** vor, der **Aussichtsplattform, Sendetechnik** und **Gastronomie** beherbergen sollte. Ob so ein Bauwerk, damals das höchste Deutschlands, auch in der Lage sein würde, heftigen Stürmen zu trotzen, galt zur Bauzeit nicht als ausgemacht. Trotz endloser Diskussionen, die aber vor allem der Finanzierung galten, wurde der Fernsehturm dann 1956 realisiert. Wegen der hohen Besucherzahlen waren die Kosten von vier Millionen Mark übrigens durch Eintrittsgelder zehn Jahre nach Fertigstellung praktisch wieder „eingespielt". Und schon seit mehr als 60 Jahren bewährt sich das Bauwerk in Wind und Wetter.

Die schlanke Betonnadel mit der Plattform in rund 152 Meter Höhe ist wegen des Fernblicks ein beliebtes Ausflugsziel. Zwar wurde der Turm 2013 als eine der ersten Amtshandlungen des damals neu gewählten grünen Oberbürgermeisters Fritz Kuhn aus Brandschutzgründen geschlossen. Doch nach dreijähriger Sanierungszeit wurde das Stuttgarter Wahrzeichen – pünktlich zu seinem 60. Geburtstag im Jahr 2016 – wieder eröffnet. Ein „Fernsehturm" ist er nur noch im übertragenen Sinn des weiten Rundumblicks wegen – gesendet wird von hier nicht mehr.

Das **Panoramacafé** im Turmkorb und das **Restaurant Leonhardts** am Fuß des Turms werden von den Inhabern betrieben, die auch die **Alte Kanzlei** (s. S. 77) führen.

› **Leonhardts** €€, Tel. 91429800, https://leonhardts-stuttgart.de, Sa. 12–22, So. 12–18 Uhr

› **Panoramacafé,** Mi.–Sa. 10–21, So. 10–19 Uhr

› Jahnstr. 120, Haltestelle: Ruhbank/Fernsehturm, U7, U8, U15, Tel. 232597, www.fernsehturm-stuttgart.de, Di.–So. 10–22 Uhr, letzte Auffahrt 22.30 Uhr, Tickets 10,50 €, ermäßigt 5,50 €, Kinder bis 5 Jahre frei, Familien 30 €, Führungen 12 € (Online-Reservierung)

Entdeckungen am Stadtrand

43 Bad Cannstatt ★★ [eh]

Bad Cannstatt kann mit Kurpark und Mineralbad aufwarten, verdankt es seinen Status als Bad doch den Mineralquellen. Könige und Kaiser kurten einst in dem international bekannten Ort, der im 19. Jahrhundert seine Blütezeit erlebte.

Beim Bummel durch die alten Gassen kann man auf Anwohner treffen, die an den **öffentlichen Brunnen** das sprudelnde Wasser für den Hausgebrauch gleich kastenweise in Flaschen oder in große Kanister abfüllen. Sprudelnde Mineralquellen besitzt der Ort in großer Zahl, neben den Stuttgarter Vorkommen befindet sich ein Teil auch auf der Bad Cannstatter Seite des Neckars. Belle-Epoque-Kuratmosphäre herrscht jedoch nur im Kurpark, die Altstadt verdankt ihr Flair vor allem ihren vielen alten Giebelhäusern.

Die alte Badeanstalt wich Mitte der 1990er-Jahre einem Neubau mit moderner Glasarchitektur. Über dem Hauptbecken des **SoleBads in Bad Cannstatt** wölbt sich eine tonnenförmige Glaskuppel, deren Konstruktion vom Büro Schlaich Bergermann und Partner stammt, die auch schon am Bau des Killesbergturms (s. S. 36) beteiligt waren. Noch erhalten ist der in den Kurpark eingebettete **große Kursaal** aus den 1830er-Jahren, ein langgezogener, eingeschossiger Bau mit einer zentralen, halbrunden Säulenhalle. Später ergänzt wurden **Seitenflügel, kleiner Kursaal** und **Brunnenhaus.**

Die Ansiedelung Bad Cannstatt geht schon auf **Römerzeiten** zurück, was sie viel älter als die benachbarte Großstadt macht, die aber die kleine Nachbarin annektierte. Die Eingemeindung im Jahr 1905 hat jedenfalls nicht unbedingt dafür gesorgt, dass aus der Nachbarschaft am Neckar die große Liebe wurde. Das Verhältnis gleicht wohl eher einer Zweckehe.

An der Stelle, wo vor 2000 Jahren noch das **Römerkastell** aus dem 1./2. Jh. n. Chr. seinen Platz hatte, entstanden nach der Wende zum 20. Jahrhundert erst Reiterkasernen, in den 1990er-Jahren wurden diese dann wiederum zum Veranstaltungsort umgebaut. Die zuletzt von US-Streitkräften genutzte, rund 8,5 Hektar große Anlage wurde schließlich von einem Event- und Gastronomie-Unternehmen gekauft und in Kasernen und Pferdeställen sind nun **Film-, Fernseh-** und **Musikproduktionen, Proberäume** und **Tonstudios, Handwerks-** und **Gastronomiebetriebe** sowie **Eventflächen** untergebracht.

> Haltestelle: Bad Cannstatt Wilhelmsplatz, U1, U2, S1, S2, S3, zum Kurpark: Haltestelle Daimlerplatz, U2

44 Mercedes-Benz-Museum ★★★ [fj]

Von Anfang an ein Publikumsrenner: Mit rund 850.000 Besuchern jährlich ist das Firmenmuseum von Mercedes-Benz die Nummer 1 unter den Stuttgarter Museen. Das ist vor allem den rund 160 ausgestellten Fahrzeugen geschuldet, aber erst die moderne Architektur und das abwechslungsreiche Ausstellungskonzept machen das Ganze zu einer nicht nur für Autonarren spannenden Zeitreise durch die Geschichte des Automobils.

Mit dem Aufzug gelangt man aus der wie eine James-Bond-Kulisse wirkenden Eingangshalle nach oben.

Auf Ebene 8 beginnt mit einer Pferdestärke – einem ausgestopften Schimmel – die **chronologische Ausstellung,** die mit Filmausschnitten, alten Werbeplakaten und Fotos auch die Hintergründe von rund 135 Jahren Automobilgeschichte beleuchtet und von Pionieren, Rennen und Rekorden berichtet. Tradition verpflichtet – 1886 meldete Carl Benz das Patent für sein motorisiertes Dreirad an, im selben Jahr baute Gottlieb Daimler einen Verbrennungsmotor in eine Kutsche ein.

Neben Automobilfans pilgern auch **Architekturinteressierte** zum Museum. Das Gebäude mit seiner Hülle aus Aluminium und Glas ist ein Entwurf des Amsterdamer Architektenbüros **UNStudio** (Ben van Berkel und Caroline Bos) und gilt als Meilenstein der „Digitalmoderne“. Die Fensterreihen der metallisch schimmernden Fassade bestehen aus 1800 dreieckigen Scheiben, jede ein Unikat. Das Innere ist einer DNA-Spirale nachempfunden, der sog. **Doppelhelix,** die sich hier in Betonspiralen in die Höhe schraubt. Dies ist zugleich auch eine Hommage an die Spirale im Guggenheim Museum in New York, das von der Architekturlegende Frank Lloyd Wright entworfen wurde.

In Spiralen führt auch der **Rundgang** vom obersten Geschoss hinunter. Fast wie Steilkurven wölben sich teilweise die Wände. Zu den rund 160 auf Hochglanz polierten Fahrzeugen im „Sternen-Himmel“ gehören neben dem Nachbau des **Benz-Dreirads** die legendären **Silberpfeile,** klassische **1950er-Jahre-Modelle** mit Flügeltüren, ein **Papamobil** und der **Wagen von Kaiser Wilhelm II.,** aber auch **Busse** und **Lastwagen,** darunter der Mannschaftsbus der Fußballweltmeister 1974.

Gottlieb Daimler

Am Auto hängt, zum Auto drängt heute ja alles – und so sind die beiden **Automobilmuseen** von Mercedes-Benz 44 und Porsche 46 die meistbesuchten Einrichtungen in Stuttgart. Während im Mercedes-Benz-Museum die Mobilität gefeiert wird, steht vor der Tür zur selben Zeit der ein oder andere Mercedes auf der mehrspurigen B14 im Stau. Auf **maximal eine Million Fahrzeuge** hatte der Firmengründer das Absatzpotenzial der neuen Erfindung beziffert – schon mangels kompetenter Fahrer sei an mehr nicht zu denken. Eine Fehleinschätzung! Vor allem das **Wirtschaftswunder** brachte den Absatz auf Touren. Wer konnte, fuhr Daimler. Ab den 1950er-Jahren galt das Unternehmen als **Aushängeschild** für die Erfolgsgeschichte des westdeutschen Kapitalismus.

Auch die Stadt profitierte von der Entwicklung. Die beiden Automarken Porsche und Mercedes-Benz sind bis heute eng mit Stuttgart verbunden, sorgen für **Wohlstand** und sponsern **Kultur.** Gleich neben dem Mercedes-Museum erstreckt sich das Daimler-Stammwerk Untertürkheim. Dort allein produzieren rund 19.000 Menschen vor allem Motoren, Getriebe und Achsen für die Mercedes-Benz-Pkws. Noch leben die Stadt, ihr Speckgürtel und das Bundesland sehr gut von den Autobauern und ihren zahllosen Zulieferern, doch **schwindende Absatzmärkte in China und den USA** und der technologische Wandel bedrohen Jobs, wenn weiterhin auf Verbrenner gesetzt wird.

„Und wer hats erfunden?“ So muss man nach rund 135 Jahren Automobilgeschichte vielleicht schon fragen. Die Ursprünge von Mercedes-Benz liegen in Mannheim, wo **Carl Benz** arbeitete, und in Bad Cannstatt. **Gottlieb Daimler** hatte am Polytechnikum in Stuttgart studiert, mehrere Jahre in Frankreich und England und anschließend als Technischer Direktor der Gasmotorenfabrik Deutz gearbeitet. **Nikolaus Otto,** einer der Firmeninhaber, entwickelte das Viertaktprinzip und Daimler war davon überzeugt, dass Motoren in Zukunft auch andere Dinge antreiben würden – nicht nur die Maschinen der Industrie.

1882 erwarb Daimler eine Villa in der Taubenheimstraße in Bad Cannstatt und baute das dazugehörige Gartenhaus zur Werkstatt aus. Mit **Wilhelm Maybach,** der mit ihm von Deutz nach Cannstatt gegangen war, tüftelte er dort unter größter **Geheimhaltung,** denn die beiden Konstrukteure wollten nicht, dass ihre Ideen der Konkurrenz bekannt würden. Selbst die Hausangestellten wussten nicht, was in dem kleinen Gartenhaus vor sich ging. Der misstrauische Gärtner holte sogar die Polizei, weil er eine Falschmünzerwerkstatt dort vermutete. Statt einer Münzpresse fand die Polizei bei einer nächtlichen Durchsuchung jedoch nur Werkzeuge und Motorteile. Daimler und Maybach konnten ihre Forschungen unbehelligt fortsetzen und entwickelten bis 1883 den ersten **schnelllaufenden Viertaktmotor.** Im Sommer 1886 bauten sie den Motor in eine Kutsche ein, mit der sie erste Probefahrten durchführten – mit einer Geschwindigkeit von etwa 18 km/h. Der Rest der **Erfolgsgeschichte** ist bekannt: 1890 gründete Gottlieb Daimler gemeinsam mit Investoren die Daimler-Motoren-Gesellschaft (DMG), Wilhelm Maybach wurde ihr technischer Direktor. Den Namen Mercedes ließ die Daimler-Motoren-Gesellschaft um 1902 als Warenzeichen für die Automobile eintragen. 1926 fusionierten die DMG und die Firma Benz zur **Daimler-Benz-AG** mit Sitz in Stuttgart. Es entstand ein Weltunternehmen. Der Autopionier Daimler starb am 6. März 1900 im Alter von 65 Jahren, Wilhelm Maybach im Jahr 1929.

Das **Gartenhäuschen** ist heute eine **Gedächtnisstätte** (s. S. 64), in der über Leben und Werk des Ingenieurs Gottlieb Daimler informiert wird und Modelle der ersten Motoren und Gefährte ausgestellt sind.

064st Abb.: gk

MEIN TIPP

Kleine Pause im Klösterle

In einem **1463 erbauten Fachwerkhaus,** das als ältestes Stuttgarts gilt, befindet sich eine der **urigsten Weinstuben Stuttgarts,** das Klösterle. Im Sommer bei entsprechendem Wetter kann man auch draußen im Hof sitzen und zum Vierteleswein schwäbische Hausmannskost wie Zwiebelrostbraten und Saure Nieren essen. Bis zur Reformation lebten hier Beginen, eine klösterliche Gemeinschaft lediger Frauen, deshalb weist das Haus als Besonderheit auch eine eigene Kapelle auf.

6 [eh] **Klösterle** €-€€, Marktstr. 71, www.weinstube-kloesterle.de, Haltestelle: Bad Cannstatt Wilhelmsplatz, Tel. 568962, Mo.-Fr. 17-24, Sa. 16.30-23, So. 15.30-23 Uhr

043st Abb.: gk

Der **Museumsshop** kultiviert die Markenpflege und führt die weltweit größte Auswahl an Artikeln mit dem Mercedes-Stern.

› Mercedesstr. 100, Haltestelle: NeckarPark, S1, Tel. 1730000, www.mercedes-benz.com/de/kunst-und-kultur/museum, Di.-So. 9-18 Uhr, Eintritt 12 €, ermäßigt 6 €, bis 12 Jahre frei, Abendkarte 16.30-18 Uhr (Kassenschluss 17 Uhr) 6 €, ermäßigt 3 €, Museumsshop Di.-So. 10-18, Restaurant/Cafeteria 10-19 Uhr

45 Grabkapelle ★★

Zum Angedenken an seine früh verstorbene Frau ließ König Wilhelm I. auf dem 411 Meter hohen „Rotenberg", der eigens in Württemberg umbenannt wurde, ein Mausoleum erbauen. Wegen der wunderbaren Aussicht ist die Grabkapelle heute ein beliebtes Ausflugsziel.

Die junge russische **Großfürstin Katharina** (1788-1819) starb nach nur drei Ehejahren an einer Lungenentzündung. Hofbaumeister Giovanni Salucci baute daraufhin von 1820 bis 1824 die Grabkapelle hoch über dem Neckartal. Er ließ sich bei seinem **Rundbau** auch von antiken Tempeln und vom Pantheon in Rom anregen, sein Bauwerk ist von den Ausmaßen her allerdings weit zierlicher. In allen vier Himmelsrichtungen setzte der Architekt **Säulenvorbauten** an das Gebäude, nach Westen wurde auch eine **monumentale Treppe** angelegt. Feierlich in Weiß und Gold gehalten, wird der **Innenraum** nur durch ein Ober-

Das Klösterle gilt als ältestes Gebäude Stuttgarts

Grabkapelle auf dem Württemberg

licht in der Kuppel erhellt. Ein Gusseisengitter im Boden erlaubt den Blick in die eigentliche Gruft mit dem Doppelsarkophag des Königspaars.

› Württembergstr. 340, Untertürkheim, Haltestelle: Untertürkheim, S1, www.grabkapelle-rotenberg.de, April–Okt. Mi.–So. 12–17, Nov. Fr.–So. 11–16 Uhr, Eintritt 4 €, erm. 2 €, Familien 10 €

46 Porsche-Museum ★★★

Das Sportwagen-Museum in Zuffenhausen präsentiert seine Schmuckstücke in einem außergewöhnlichen, vom Wiener Architekturbüro Delugan Meissl entworfenen Stelzenbau. Der scheinbar fast schwebende Baukörper mit einer spiegelnden Unterseite ist in Wirklichkeit ein Koloss von rund 35.000 Tonnen Gewicht. Nur mithilfe hochkomplexer Computerprogramme konnte das Projekt überhaupt realisiert werden.

Der **dynamisch geformte Museumsbau**, der keinen einzigen rechten Winkel aufweist, das futuristische Raumerlebnis und die **PS-starken Fahrzeuge** passen gut zusammen. Das Firmenmuseum von Porsche präsentiert **80 Raritäten für Renn- und Sportwagenfans**, sie „Oldtimer" zu nennen, wäre angesichts der schnittigen Boliden leicht irreführend. Le-Mans-Siegerfahrzeuge sind dabei, einige der schnellsten 917er der Porsche-Historie, weltberühmte Automobilikonen wie der Porsche 356, 550 oder 911, aber auch Studien

045st Abb.: sm

und Prototypen. Fast alle flotten Flitzer sind noch fahrtüchtig und gehen auch als „Rollendes Museum“ auf Reise.

Eine Glasscheibe im Foyer gestattet den Blick in die **Museumswerkstatt**, in der Porsche-Klassiker restauriert werden, und im **Museumsshop** sind Sportwagenmodelle sowie Andenken der Nobelmarke erhältlich.

› Porscheplatz 1, Haltestelle: Neuwirtshaus/Porscheplatz, S6, Tel. 01805 356911, www.porsche.com/museum, Di.–So. 9–18 Uhr, Eintritt 10 €, ermäßigt 5 €, bis 13 Jahre frei, Abendkarte (ab 17 Uhr) 5 €, ermäßigt 3 €, Werksführungen: Tel. 0711 91120911

Mein Tipp

Weinmanufaktur Untertürkheim

Die Weinmanufaktur wurde als **beste Genossenschaft Deutschlands** und auch mit vielen Einzelpreisen von Weinmagazinen und bei Wettbewerben ausgezeichnet. Sie steht vor allem für kräftige, trockene Rotweine, produziert aber auch feinfruchtige Weißweine.

7 [gk] **Weinmanufaktur Untertürkheim,** Strümpfelbacher Straße 47, Haltestelle: Untertürkheim, S1, Tel. 3363810, Weinverkauf Mo.–Fr. 9–12.30, 13.30–18, Sa. 9–14 Uhr, www.weinmanufaktur.de

Schloss Hohenheim und der Exotische Garten

Im 18. Jahrhundert ließ Herzog Carl Eugen Schloss Hohenheim errichten und ab 1776, inspiriert von einer Englandreise, dort für Franziska von Hohenheim exotische Hölzer anpflanzen und einen **Landschaftsgarten** anlegen – mitsamt zahllosen sonderbaren Ruinen. In über 60 **Gartenarchitekturen,** darunter im Maßstab 1:4 verkleinerte Rokokobauten und nachgebildete antike Trümmer, sollte der „Triumph tugendhaften Landlebens über die Sittenverderbnis des untergegangenen Roms“ in Szene gesetzt werden.

Das durchaus berühmte **„Englische Dörfle“** wurde aber schon von Zeitgenossen kritisiert. **Goethe** nannte ihn „eine merkwürdige Erscheinung“, ihm missfielen die Ruinenversatzstücke, die kulissenhaft das Landleben inszenierten, wie es damals Mode war. **Schiller** dagegen thematisierte seine Eindrücke in der Rezension „Über den Gartenkalender auf das Jahr 1795“, in der er den Park als „eine glückliche Mischung“ aus „ländlicher Simplicität“ und „versunkener städtischer Herrlichkeit“ bewunderte. Mit zwei Stuttgarter Freunden, dem Bildhauer Dannecker und dem Kaufmann und Kunstkenner Rapp, hatte der Dichter Schloss Hohenheim besucht. Als Ästhetik-Theoretiker interessierte ihn die Gartenkunst in der Auseinandersetzung zwischen französischer Achsensymmetrie und englischem Landschaftspark. Er beurteilte allerdings beide Stilideale kritisch: Das eine Prinzip erschien ihm zu formal, das andere zu regellos.

1818 wurde in Hohenheim die **Landwirtschaftliche Hochschule** gegründet, die weltweit erste ihrer Art. Sie bildete den Ursprung der heutigen Universität Hohenheim und ihrer Forschungseinrichtungen rund um das Schloss. Nach Carl Eugens Tod verfiel die Parkanlage, später wurde sie Teil des landwirtschaftlichen Instituts und verwandelte sich allmählich in eine Baumschule: Das **Landesarboretum Baden-Würt-**

47 Schloss Solitude ★★

Das **Neue Schloss** 4 unten im Talkessel war noch nicht fertiggestellt, da ließ Herzog Carl Eugen 1763 bis 1769 auf den Höhen vor Stuttgart ein weiteres Schloss erbauen. Einen **Rückzugsort** fern von allen Repräsentationspflichten wollte er sich dort schaffen. Der Name Solitude – übersetzt **„Einsamkeit“** (Französisch war die Hofsprache des europäischen Adels) – war Programm für das „Maison de Plaisance“, das Lust- und Jagdschlösschen im Grünen. Das Wäldchen im Westen der Stadt war abgelegen genug, um auch die Pflichten in der Residenz zu vergessen. Trotzdem wurden im Schlösschen auch **rauschende Feste** gefeiert, ganz allein und einsam blieb der Herzog hier also nicht.

Das **prunkvoll ausgestattete** Schloss in den Wäldern am westlichen Stadtrand ist inzwischen ein **beliebtes Ausflugsziel.** Äußerlich weist das Lustschloss mit abgerundetem Mittelpavillon und geschwungener Treppenanlage **Ähnlichkeiten zum Potsdamer Schloss Sanssouci** auf. Und z. B. der **Weiße Saal** ist prächtig im Stil des Spätrokoko mit Deckenmalerei ausgeschmückt. Heute residiert im Schloss eine Akademie, die Stipendien zur Förderung des künstlerischen Nachwuchses vergibt und

temberg sammelt interessante Gehölze und stellt Pflanzenmaterial für Forschung und Lehre bereit.

Zusammen mit dem Botanischen Garten ist der **Exotische Garten der Hohenheimer Parkanlagen** in Plieningen, Stuttgarts südlichstem Stadtteil, ein besonderer Anziehungspunkt am Rande der Stadt. Aus der Zeit Carl Eugens stammen noch mehr als ein Dutzend Baumriesen sowie drei historische Bauten – Spielhaus, Römisches Wirtshaus und die Säulen des donnernden Jupiters.

› **Schloss Hohenheim,** Anfahrt U7, Haltestelle Ruhbank, dann Bus 70, Haltestelle Universität Hohenheim, www.uni-hohenheim.de/unigaerten. Es werden auch Führungen durch den botanischen und den Exotischen Garten angeboten.

065st Abb.: gk

Das Spielhaus in den Hohenheimer Gärten

085st Abb.: © Manuel Schönfeld, stock.adobe.com

Ein Rennstrecken-Klassiker

Solitude hieß auch eine ehemalige Rennstrecke zwischen Stuttgart und Leonberg. Ein „Naturkurs", so der landläufige Ausdruck, denn die 12 km lange Strecke wurde nicht eigens gebaut, sondern verlief auf einer Reihe von Landstraßen, die sich zum Rundkurs ergänzen. Legendär ist die „Schatten" genannte scharfe Doppel-S-Kurve bei Büsnau, direkt vor dem Relexa Waldhotel Schatten (s. S. 128). Dass hier Rennfahrer wie Formel-1-Legende Jim Clark den gewundenen Parcours mit einer Durchschnittsgeschwindigkeit von 180 km/h durchfuhren, mögen sich die Pendler im Berufsverkehr nach Stuttgart heute kaum mehr vorstellen können. Die große Zeit der Solitude-Rennstrecke ist Geschichte, 1965 fand das letzte Rennen statt.

ihnen Wohn- und Arbeitsräume bereitstellt, eine schwäbische Villa Massimo.

Über eine Allee war Solitude früher mit der wenige Kilometer entfernten Schlossanlage in Ludwigsburg verbunden und ursprünglich war es auch von weitläufigen **Parkanlagen** mit zahlreichen **Nebengebäuden** wie Orangerien und Kavaliershäuschen umgeben, die aber nur zum Teil erhalten sind.

› Haltestelle: Solitude, Bus 92, Tel. 696699, www.schloss-solitude.de, April–Okt. Di.–So. 10–17 Uhr, Nov.–März Sa., So. 10–16 Uhr, Eintritt 6 €, ermäßigt 3 €, Familien 15 €

Schloss Solitude 47: ehemals herzogliches Lustschloss, heute Ausflugsziel und Akademie für junge Künstler

002st Abb.: sm

Stuttgart für Kunst- und Museumsfreunde

Sowohl in der Stadt als auch in der Region Stuttgart präsentieren städtische, Landes- und Firmenmuseen nicht nur museale Schätze, skurrile Alltagsgegenstände, Traumautos und Dinosaurier, sondern sorgen außerdem mit ihrer spannenden Architektur für ungewöhnliche Raumerlebnisse.

Alte Meister und die Werke der klassischen Moderne in der **Staatsgalerie** 20 bilden gemeinsam mit der großen Otto-Dix-Sammlung im **Kunstmuseum** 8 das hochkarätige Fundament der Stuttgarter Museumslandschaft; Württembergischer Kunstverein, Künstlerhaus und die Sonderausstellungen der beiden Kunstmuseen bringen auch internationale Trends in die Landeshauptstadt. Zu den Top Ten auf der Beliebtheitsskala von Stuttgart-Besuchern gehören außerdem die **Automuseen von Porsche** 46 und **Mercedes-Benz** 44 sowie das **Landesmuseum** 9 im Alten Schloss und das **Naturkundemuseum** (26 und 28) im Rosensteinpark.

Vorseite: Stiftskirche 11 und Jubiläumssäule (s. S. 22) – auch bei Dunkelheit ein imposanter Anblick

Der gläserne Würfel des Kunstmuseums 8

Museen

M9 [fh] **Gottlieb-Daimler-Gedächtnisstätte,** Taubenheimstr. 13, Bad Cannstatt, Haltestelle: Daimlerplatz oder Kursaal, U2, Tel. 1730000, Di.–Fr. 13–17.30, Sa., So. 11–17 Uhr, Eintritt frei. In dem Gartenhäuschen, in dem Daimler an seinem Viertaktmotor tüftelte, wird heute über das Leben und Werk des Ingenieurs informiert und es sind Modelle der ersten Motoren und Gefährte ausgestellt.

19 [E4] **Haus der Geschichte.** Interessante Dauer- und Wechselausstellungen zur Geschichte des deutschen Südwestens (s. S. 33).

M10 [D5] **Hegel-Haus,** Eberhardstr. 53, Haltestelle: Stadtmitte/Rotebühlplatz, U2, U4, U14, U34, S1, S2, S3, S4, S5, S6, S60, Tel. 21625888, www.hegelhaus-stuttgart.de, Mo.–Mi., Fr., Sa. 10–13, 14–18 Uhr, Eintritt frei. Die Dauerausstellung stellt mit Multimedia-Einsatz das Leben und Werk von Georg Wilhelm Friedrich Hegel in den Fokus. In seinem Geburtshaus wird an den Philosophen erinnert, der vermutlich am 27. August 1770 in der Dachgeschosswohnung dieses Hauses das Licht der Welt erblickte. Er lebte bis 1788 in Stuttgart und starb 1831 in Berlin.

› **Hotel Silber.** Das Museum, dessen Träger das Haus der Geschichte 19 ist, beherbergt eine Ausstellung zum Thema Polizei, Gestapo und Verfolgung. Während der NS-Zeit war hier der Sitz der Geheimen Staatspolizei, deren Folterkeller berüchtigt war und die das Haus zum Inbegriff des NS-Terrors in Baden-Württemberg machte. Von hier aus ging die Gestapo gegen Regimegegner, Juden und Minderheiten wie Homosexuelle, Sinti und Roma vor. Zunächst sollte auch das Hotel Silber zugunsten des

Dorotheen-Quartiers zwischen Karlsplatz und Marktplatz abgerissen werden. Das Gebäude – Ende des 19. Jahrhunderts zum Luxushotel ausgebaut – war zuletzt vom Innenministerium genutzt worden. Eine Bürgerinitiative wehrte sich erfolgreich gegen den Abriss (s. S. 33).

› **Junges Schloss,** im Landesmuseum 9, www.junges-schloss.de, für die Mitmachausstellung gibt es nur Zeitfenster-Tickets, Eintritt Kinder 4–12 Jahre 3 €, Erwachsene 4,50 €, Familienkarte 7,50–12 €. Im Kindermuseum des Landesmuseums können sich Kinder auf Schatzsuche begeben, Steinzeithöhlen, Ritterburgen und römische Märkte erkunden.

8 [D4] **Kunstmuseum.** Gegenwartskunst und Werke von Otto Dix werden in einem spektakulären Glaswürfel präsentiert (s. S. 24).

9 [D4] **Landesmuseum.** Im Alten Schloss steht die Geschichte Baden-Württembergs im Mittelpunkt. Seit der umfassenden Renovierung zeigt eine Schausammlung „LegendäreMeisterWerke" (s. S. 25).

34 [B2] **Linden-Museum.** Das Völkerkundemuseum stellt die Kulturen der außereuropäischen Kontinente vor, unter anderem mit dem originalgetreuen Nachbau einer afghanischen Basarstraße (s. S. 49).

44 [fj] **Mercedes-Benz-Museum.** Seit über 135 Jahren gibt es Automobile – im auch architektonisch spannenden Museumsbau wird die Geschichte des Autos anhand von Traumkarossen dokumentiert, es gibt aber auch Nutzfahrzeuge und viele Bilder zu sehen (s. S. 55).

26 [dh] **Museum am Löwentor.** Das Museum beherbergt die paläontologische Sammlung des Naturkundemuseums (s. S. 42).

28 [di] **Museum Schloss Rosenstein.** In Schloss Rosenstein ist die biologische Sammlung des Naturkundemuseums zu sehen (s. S. 43).

MEIN TIPP

Kunst unter freiem Himmel

„Roter Baum", „Points of View" oder „Abendstern" – in der Landeshauptstadt gibt es einige spannende Kunstwerke im öffentlichen Raum zu entdecken. Das Kulturamt der Stadt hat **vier „Kunstrouten" zu den Skulpturen, Reliefs, Plastiken und Mahnmalen** erarbeitet. Die Innenstadtroute erschließt Königstraße, Schlossplatz und Kulturmeile, die anderen drei Routen führen in den Stuttgarter Westen, zur Universität und auf den Killesberg.

› www.stuttgart.de/kultur/kulturelle-vielfalt/bildende-kunst.php

46 **Porsche-Museum.** Für Autofans ein Muss: In einem außergewöhnlichen Museumsbau zeigt das Museum rund 80 Klassiker und aktuelle Modelle des Sportwagenbauers (s. S. 59).

M11 [ej] **Schweinemuseum,** Schlachthofstr. 2a, Haltestelle: Schlachthof, U9, Tel. 66419600, www.schweinemuseum.de, Di.–So. 10–17 Uhr, Eintritt 6,90 €, ermäßigt 6 €/3 €. Das Museum im Alten Schlachthof zeigt in 27 Themenräumen rund 50.000 „saugut" inszenierte Exponate – Kunst, Kitsch und Kultur rund ums Schwein.

20 [F3] **Staatsgalerie Stuttgart.** In einem der renommiertesten Museen Deutschlands werden Kunstwerke aus der Zeit vom Mittelalter bis zur Gegenwart gezeigt (s. S. 34).

M12 [E4] **StadtPalais – Museum für Stuttgart,** Konrad-Adenauer-Str. 2, Haltestelle: Charlottenplatz, U1, U2, U4, U5, U6, U7, U12, U15, Tel. 21625800, www.stadtpalais-stuttgart.de, Di.–So. 10–18, Fr. bis 21 Uhr (nur Sonderausstellung), Eintritt frei. Das Stadtmuseum im denkmalgeschützten, 1840 erbauten Wilhelmspalais eröffnete 2017. Die auf rund 900 m² konzentrierte Dauerausstellung zur Stadtgeschichte des 19. und 20. Jahrhunderts lässt Raum für „Jahrhunderträume" und Sonderausstellungen sowie ein Café im Erdgeschoss und das Stadtlabor für Kinder.

M13 [ei] **Straßenbahnwelt Stuttgart,** Veielbrunnenweg 3, Haltestelle: Bad Cannstatt Bahnhof, S1, S2, S3, Tel. 78857770, www.strassenbahnwelt.com, Mo.–Mi. 10–16, So. 10–18 Uhr, Eintritt 5 €, ermäßigt 3,50 €, Familien 12 €. Endhaltestelle für historische Trams: Im denkmalgeschützten Straßenbahndepot Bad Cannstatt aus dem Jahr 1929 steht neben anderen Veteranen auch ein 1868 in Betrieb genommener Pferdebahnwagen. Themeninseln veranschaulichen die Geschichte des Stuttgarter Nahverkehrs.

M14 [bi] **Theodor-Heuss-Haus,** Feuerbacher Weg 46, Haltestelle: Killesberg, U5, U12, Tel. 2535558, www.theodor-heuss-haus.de, Di.–So. 10–18 Uhr, Eintritt 2 €, unter 18 Jahren frei. In seinem letzten Domizil wird in rekonstruierten Räumen an den Staatsmann Theodor Heuss erinnert.

M15 [gk] **Weinbaumuseum Alte Kelter,** Uhlbacher Platz 4, Haltestelle: Obertürkheim, S1, dann Bus 62 bis Uhlbach, Tel. 325718, www.stuttgart-tourist.de/a-weinbaumuseum-stuttgart, April–Okt. Do., Fr. 14–19, Sa., So. 11–19 Uhr, Nov.–März Fr., Sa. 14–18, So. 11–18 Uhr, Eintritt 3 €, erm. 2 €, Kinder bis 14 Jahre frei. Das Museum in einer historischen Ortskelter informiert über die Arbeit der Winzer und die Weinbaugeschichte von der Römerzeit bis heute.

M16 [ci] **Weißenhofmuseum,** Rathenaustr. 1–3, Haltestelle: Killesberg, U5, Tel. 2579187, https://weissenhofmuseum.de, Di.–Fr. 11–18, Sa., So. 10–18 Uhr, Eintritt 5 €, ermäßigt 2 €, Kinder bis 10 Jahre frei. Führungen Di.–Sa. 15 Uhr, So., Feiertage 11 und 15 Uhr, kleine Führung (45 Min.) 5 €, ermäßigt 4 €, große Führung (90 Min., inkl. Rundgang durch die Weißenhofsiedlung 23) 7,50 €, ermäßigt 5 €. Das Gebäude wurde vom berühmten Bauhausarchitekten Le Corbusier gestaltet und gehört seit 2016 zum Weltkulturerbe der UNESCO. In der einen Hälfte befindet sich das Museum und die andere Haushälfte zeigt sich im Zustand des Jahres 1927.

Kunstgalerien und Kulturhäuser

Neben privaten Kunstgalerien gibt es in Stuttgart auch Künstlerhäuser und Kunstvereine, die Ausstellungen organisieren und teilweise auch Ateliers und Fördermöglichkeiten für junge Künstler bieten.

17 [A2] **GEDOK Atelierhaus,** Hölderlinstr. 17, Haltestelle: Russische Kirche, U4, Tel. 297812, www.gedok-stuttgart.de, Mi. 9.30–13, Do. 15–18 Uhr. Die 1926 gegründete GEDOK, die Gemeinschaft der Künstlerinnen und Kunstfreunde, ist ein bundesweit agierender, gemeinnütziger Verein, in dem alle künstlerischen Disziplinen vertreten sind: Bildende Kunst, Film, Fotografie, Literatur, Rezitation, Kunsthandwerk, Musik, Performance und Tanz. Als spartenübergreifendes Kulturzentrum hat sich das Atelierhaus der GEDOK mit Galerie und Konzertsaal etabliert.

18 [E4] **IfA-Galerie,** Charlottenplatz 17, Haltestelle: Charlottenplatz, U1, U2, U4, U5, U6, U7, U12, U15, Tel. 2225173, www.ifa.de, Di.–So. 12–18 Uhr. Das Institut für Auslandsbeziehungen (IfA) konzipiert im Auftrag des Auswärtigen Amts Ausstellungen mit deutscher Kunst, die dann ins Ausland geschickt werden. In den „Filialen" in Berlin und Stuttgart ist es dagegen umgekehrt: Die Galerie im alten Waisenhaus präsentiert zeitgenössische Kunst, Design und Architektur von Künstlern anderer Kontinente und stellt in Wechselausstellungen Kunstszenen aus aller Welt vor.

19 [D5] **Kunstbezirk Stuttgart,** Leonhardsplatz 28, Haltestelle: Rathaus, U1, U2, U4, U9, U14, Tel. 237510, www.kunstbezirk-stuttgart.de, Di.–Sa. 15–19 Uhr. Die nicht kommerzielle Galerie im Gustav-Siegle-Haus fördert vornehmlich Künstler aus dem Raum Stuttgart und Baden-Württemberg. Träger ist der Förderkreis Bildender Künstler.

20 [A6] **Künstlerhaus Stuttgart,** Reuchlinstr. 4b, Haltestelle: Schwabstraße, S1, S2, S3, S4, S5, S6, Tel. 617652, www.kuenstlerhaus.de, Mi.–So. 12–18 Uhr. Das 1978 von Stuttgarter Künstlern gegründete Haus in einer ehemaligen Kofferfabrik präsentiert in Ausstellungen und bei Veranstaltungen Gegenwartskunst, darunter u. a. Einzelpräsentationen von Künstlern wie Andreas Gursky und Cosima von Bonin sowie themenbezogene Projekte. Zum Künstlerhaus gehört auch ein Restaurant (s. S. 71).

21 [B3] **Literaturhaus Stuttgart,** Breitscheidstr. 4, Haltestelle: Berliner Platz, U2, U4, U14, U29, U34, Tel. 2202173, www.literaturhaus-stuttgart.de. Das Literaturhaus im Bosch-Areal bildet zusammen mit Liederhalle und Kinokomplex eine Art Kulturensemble nahe dem Berliner Platz. Neben Lesungen, Ausstellungen und Gesprächsrunden gibt es Kooperationen mit dem SWR und der Stuttgarter Zeitung sowie das Junge Literaturhaus für Kids und Schreibwerkstätten. Zum Komplex gehören auch eine kleine, feine Buchhandlung und das Restaurant Roberts cucina italiana (s. S. 72).

› **Württembergischer Kunstverein,** im Kunstgebäude 6, Schlossplatz 2, Tel. 223370, www.wkv-stuttgart.de, Di.–So. 11–18, Mi. bis 20 Uhr, Eintritt 5 €, ermäßigt 3 €. Der Kunstverein versteht sich nicht nur als Forum für junge Künstler des Bundeslands, sondern auch für Zeitgenössisches aus aller Welt.

Stuttgart für Genießer

Feinschmecker kommen in der Region Stuttgart ganz auf ihre Kosten, nicht nur in den mehr als ein Dutzend Sternelokalen, sondern auch sonst regt sich eine vielfältige und ambitionierte Gastronomieszene.

Essen und Trinken

Die **schwäbische Küche** ist bekannt dafür, ausgesprochen wohlschmeckend zu sein. Die Nationalgerichte wie **Käsespätzle** und **Maultaschen** sind denn auch auf den Speisekarten allgegenwärtig. In manchen Weinstuben und schwäbischen Wirtshäusern, die etwas auf sich halten, gilt sogar: „Mir kennad au Hochdeitsch, mir wellad bloß net". Dann muss sich der Zugereiste so etwas wie **Brägela** eben als „Bratkartoffeln" erklären lassen. Zu den Klassikern unter den regionalen Gerichten gehören auch **Zwiebelrostbraten, Flädlesuppe, Fleischküchle** (Frikadellen), **Bubespitzle** (Schupfnudeln aus Kartoffelteig) mit Sauerkraut und **Gaisburger Marsch,** ein gehaltvoller Eintopf. Maultaschen werden in Brühe oder mit geschmelzten (geschmolzenen) Zwiebeln serviert, dazu gibt es Kartoffelsalat. Nicht jedermanns Sache sind **Saure Nieren** und **Kutteln.** Wer auf **Süßes** steht, sollte unbedingt den **Träubleskuchen** probieren (den schwäbischen Johannisbeerkuchen), **Ofenschlupfer** (einen süßen Auflauf), **Pfitzauf** (ein Soufflée) oder je nach Saison auch **Hollerküchle** (ausgebackene Holunderblüten) oder **Apfelküchle.**

„Schmeck den Süden", „Made im Ländle" oder „Echt Alb, echt gut" heißen Initiativen in Baden-Württemberg, mit denen der **Trend zu regionalen Qualitätsprodukten** unterstützt wird und Gastronomen und Produzenten sich vernetzen. Unter den heimischen Erzeugnissen sind neben **Wein** und **Filderkraut** insbesondere das **Schwäbisch-Hällische Landschwein** und das **Hohenloher Rind** zum Begriff geworden. Auch Produkte von der Schwäbischen Alb in Bioqualität wie **Alb-Linsen, Alb-Dinkel**, der **Büffelkäse Albzarella** und **Fleisch vom Alb-Lamm** werden gemeinsam vermarktet – Traditionspflege geht hier ganz mit der Zeit. Von der urigen Weinstube bis zum modernen Bistro reicht die Bandbreite ansprechender Lokale, die sich der regionalen Küche verschrieben haben, mal mit mehr traditioneller, mal mit innovativer Tendenz.

› www.schmeck-den-sueden.de, www.made-im-laendle.de

Die **Weine** des Südwestens, insbesondere der Trollinger als leichter Tischwein, hatten lange keinen guten Ruf. Inzwischen haben zahlreiche Winzer Ehrgeiz entwickelt und bauen die heimischen Rebsorten zu **qualitativ hochwertigen Weinen** aus. In manchen Lokalen spiegelt sich die Einschätzung noch beim Einschenken wider: Den einfacheren **Vierteleswein** trinkt man aus dem Weinseidel mit Henkel, den edlen Tropfen aus dem Weinglas mit Stiel. Doch das Niveau lokaler Gewächse steigt, hier wie anderswo besinnen sich innovative Winzer auf **Terroir,** also auf die heimische **Tradition und Eigenart.** Der nicht mit einem Wort zu übersetzende französische Begriff umfasst zugleich Erde, Boden (Durchlässigkeit und -feuchte), Landschaft, Sonne und Wärme, Niederschläge, Mikroklima und Hangneigung. Dass große internationale Kellereien mit weltweitem Export ihre Weine immer gleich ausbauen, schreckt manchen

Weinbau in der Großstadt

014st Abb.: gk

In Stuttgart reichen die **Weinberge** bis in das Stadtzentrum, bereits wenige Meter vom Hauptbahnhof 1 entfernt gedeihen Rebstöcke am steilen Hang. Auf rund zwei Prozent der Stadtfläche und in 16 von insgesamt 23 Stadtbezirken wird Weinbau betrieben, **meist als Nebenerwerb.** Vermutlich könnten für die Areale in Innenstadtlagen exorbitante Quadratmeterpreise erzielt werden, würden sie zu Bauland deklariert ... Stuttgart selbst ist unter den deutschen Großstädten die **größte Weinbaugemeinde** und auch Eigentümerin eines **städtischen Weinguts,** das neben Cannstatter Steillagen am Neckar auch innerstädtische Rebflächen bewirtschaftet. Einen hervorragenden Ruf genießt auch die Weinmanufaktur Untertürkheim (s. S. 60).

Württemberg mit seinen 11.500 Hektar Rebflächen ist Deutschlands **viertgrößtes Weinbaugebiet.** Wie in Württemberg überhaupt wird auch in der Landeshauptstadt vor allem **Rotwein** produziert. Spezialität und schwäbischer Hauswein ist der **Trollinger,** ein leichter Rotwein, der schon bald nach der Lese weggetrunken wird. Gehaltvoller ist die andere seit Langem heimische Rebe, der **Lemberger,** gefolgt vom **Spätburgunder.** Weniger bekannt ist dagegen, dass in Württemberg auch sehr gute **Weißweine,** v. a. Riesling, produziert werden.

Das **Weinbaumuseum** (s. S. 66) in Uhlbach macht mit der Arbeit der Winzer, hier Wengerter (Weingärtner) genannt, in früheren Zeiten und heute vertraut. Zu den Ausstellungsstücken zählt beispielsweise eine mächtige Weinpresse (Torkel) aus dem Jahr 1885. In Uhlbach, Stuttgarter Stadtteil und idyllischer Weinort mit 750-jähriger Anbautradition, ist ein Museum zur Weinbaugeschichte genau richtig angesiedelt, zudem ist die Ausstellung in der historischen Ortskelter untergebracht. Im eigenen „Weinstüble" können Stuttgarter Weine auch verkostet werden.

Vier Monate im Jahr dürfen die **Besenwirtschaften** öffnen. Sie dürfen maximal 40 Sitzplätze haben und nur einfache Speisen anbieten. Weil der selbst angebaute Wein dann ohne Konzession im Garten oder einem Schuppen ausgeschenkt wird, müssen die Winzer sich an diese Regeln halten.

› **Infos** unter www.wwg.de und www.besenwirtschaften.de

Weintrinker auch ab. *Terroir* und regionale Rebsorten sind daher bei Kennern Trend, davon profitieren auch die Württemberger Weine. Allerdings: *Terroir* schafft den Charakter des Weins, der Mensch die Qualität.

Baden-Württemberg ist zwar das viertgrößte deutsche Anbaugebiet für Wein, aber auch Hopfengetränke werden hier gerne genossen. Die großen **Brauereien** sind mit Retro-Bieren auch beim jungen Publikum erfolgreich, etwa Dinkelacker mit „Wulle" in der Bügelflasche. Eine ähnliche Erfolgsgeschichte verzeichnete Schussenrieder mit dem naturtrüben Bier „Original No 1", ebenfalls in der Bügelflasche. Auch Rothaus Tannenzäpfle und Alpirsbacher aus dem Schwarzwald entwickelten sich zu Kultbieren.

Gastronomie

Dass die Schwaben außer „Schaffe" und „Häusle baue" auch zu genießen wissen, zeigt am besten die Vielfalt des kulinarischen Angebots. Neben der bodenständigen Esskultur mit schwäbischen Traditionsgerichten sind in Stuttgart auch einige mit Michelin-Stern ausgezeichnete Restaurants zu finden. Besenwirtschaften und urgemütliche Weinstuben pflegen ihre „Viertelesschlotzer", wie Weintrinker im Schwäbischen heißen, aber auch trendige Locations wie das Cube können sich über mangelnde Reservierungen nicht beklagen. In Straßencafés wird schwäbisches Dolce Vita geübt und das neue Image regionaler Weine und Lebensmittel in Zeiten von Slow Food und „Terroir" beschert auch zum kleineren Preis höchsten Genuss.

> **Gastro- und Nightlife-Areale**
> Bläulich hervorgehobene Bereiche in den Karten kennzeichnen Gebiete mit einem dichten Angebot an Restaurants, Bars, Clubs, Discos etc.

In der Stuttgarter **Innenstadt** sind die Wege kurz und ein Lokal nie weit. Wer spontan beim Bummel durch die Fußgängerzone nach einer Einkehrmöglichkeit sucht, findet garantiert in der **Calwer Straße** (15) eine Adresse. Die schmale Straße mit ihren hübschen denkmalgeschützten Giebelhäusern eine „Fressmeile" zu nennen, täte ihr aber Unrecht. Hier reihen sich internationale Restaurants aneinander und im Sommer bieten alle auch Plätze vor der Tür. Gezielte Tipps für einen Restaurantbesuch finden sich außerdem hier:

Restaurants

22 [D5] **(karls) kitchen** €€-€€€, Marktstr. 1–3, Haltestelle: Rathaus, U1, U2, U4, U9, U14, Tel. 2111377, www.karls-kitchen.de, Mo.–Sa. 10–20 Uhr. Das trendig ausgestattete Restaurant im Kaufhaus Breuninger (s. S. 89) setzt ganz auf Frische. In zwei Showküchen wird Saisonales zubereitet. Mittags bekommt man per Selbstbedienung Tagesgerichte, morgens Frühstück und abends Essen à la carte. Lounge mit offenem Kamin, Bar, Fensterplätze für Eilige, Kinderbereich, kleine Dachterrasse mit Blick auf den Marktplatz – hier findet jeder das passende Eckchen.

23 [bl] **Augustenstüble** €€-€€€, Augustenstr. 104, Haltestelle: Schwabstraße, S1, S2, S3, S4, S5, S6, Tel. 621248, www.augustenstüble.de, Di.–Sa. 18–1, Küche bis 24 Uhr. Das Restaurant im Stuttgarter Westen setzt auf französische Bistroküche. In den beiden gemütlichen, holzvertäfelten Gasträumen mit Wirtshaustischen und vielen Bildern lassen sich zu bodenständigen und zugleich ambitionierten Gerichten auch die vorwiegend französischen Weine stilvoll genießen.

24 [E5] **Basta** €€€, Wagnerstr. 39, Haltestelle: Charlottenplatz, U1, U2, U4, U5, U6, U7, U12, U15, Tel. 240228, www.basta-stuttgart.de, Mo.–Fr. 16–1, Sa. 16–2, Küche 18–22.30 Uhr. Frankreich in Stuttgart: Zur guten Weinauswahl in entspannter, lässiger Atmosphäre passt bürgerliche Küche von Zwiebelrostbraten bis Kalbsleber. Eine Institution im Bohnenviertel!

25 [dk] **Bei den Steins** €€-€€€, Albert-Schäffle-Str. 6, Haltestelle: Albert-Schäffle-Straße, Bus 45, www.beidensteins.de, Tel. 64518045, Mi.–Sa. 18–22 Uhr. Der Ausflug in den Stuttgarter Stadtteil Gablenberg lohnt sich nicht nur im Sommer, wenn man sich „bei den Steins" im lauschigen Biergarten niederlassen kann. Die feine Küche schmeckt auch drinnen – Champignon-Mousse mit Ziegenfrischkäse mit süß-saurer Bete, Wildschweinbäckchen, Wolfsbarsch mit Krustentierschaum. Auch an Vegetarier und Veganer wird gedacht.

26 [D4] **Citizen Long** €-€€, Am Fruchtkasten 3, Haltestelle: Schlossplatz, U5, U6, U7, U12, U15, Tel. 25390110, www.citizenlong.com, Di.–Sa. 12–14, 18–22, Do.–Sa. bis 23 Uhr. Etwas versteckt seitlich der Stiftskirche betreiben die Geschwister Hoang Pham und Ngon Dinh in einem loftartig großen Raum ein Restaurant. In coolem, puristisch-urbanen Ambiente kommen kleine Gerichte der asiatischen Fusionsküche auf den Tisch. Samstags und sonntags Brunch (10–14 Uhr).

27 [D4] **Cube** €€€, Kleiner Schlossplatz 1, Haltestelle: Schlossplatz, U5, U6, U7, U12, U15, Tel. 2804441, www.cube-restaurant.de, täglich 12–14, 18–22 Uhr. Im Restaurant mit den schönsten Fensterplätzen Stuttgarts setzt die Küche auf Fine Dining. In toller Lage im Kunstmuseum 8 mit Blick über den Schlossplatz speist man hier asiatisch angehauchte Crossover-Gerichte. Reservierung ist angeraten, mittags werden ein paar Plätze für Museumsbesucher freigehalten.

> **Preiskategorien**
> Die Preiskategorien beziehen sich auf ein Hauptgericht ohne Getränke.
>
> | | |
> |---|---|
> | € | unter 15 € |
> | €€ | 15–25 € |
> | €€€ | über 25 € |

› **Hegel Eins** €€€, im Linden-Museum 34, Tel. 6744360, https://hegeleins.de, Di.–Sa. 18.30–22 Uhr. Das stilvolle Lokal mit seinen moosgrünen oder schindelverkleideten Wänden spielt ironisch mit dem Bild einer rustikalen Jägerstube. Hier kann man an ein paar Tischen die kreativ-moderne Gourmetküche als Fünf-, Sechs- oder Sieben-Gang-Menü genießen.

› **Im Künstlerhaus** €€-€€€, im Künstlerhaus Stuttgart (s. S. 67), https://im-kuenstlerhaus.de, Di.–Fr. 12–14.30 und 18–23, Sa. 18–23 Uhr. Mittags hat das Restaurant im Künstlerhaus eine kleine, maßvoll kalkulierte Speisekarte (€), abends sind die Gerichte aufwendiger und raffinierter. Die Weinkarte verzeichnet diverse gute Flaschen renommierter Winzer, die Auswahl offener Weine ist aber leider recht klein. Der lauschige Innenhof ist ein Tipp für warme Sommerabende.

28 [bh] **Körle und Adam** €€-€€€, Feuerbacher Talstr. 31, Haltestelle: Feuerbacher Krankenhaus, Tel. 8382466, www.koerleundadam.de, Mi.–Sa. 17.30–22.30, Küche bis 21.30 Uhr. Das kleine Lokal in Feuerbach zeichnet sich durch seine vegane Speisekarte mit fast täglich wechselndem Angebot aus. Die

015st Abb.: gk

verwendeten Produkte aus der Region, aber auch Bier, Wein und alkoholfreie Getränke, gibt es vorwiegend in Bioqualität. Die gute Küche, der freundliche Service und das entspannte Ambiente zeigen, dass den beiden Inhabern vor allem daran liegt, dass sich ihre Gäste wohlfühlen.

29 [C6] **Perbacco** €-€€, Tübinger Str. 41, Haltestelle: Österreichischer Platz, U1, U9, U34, Tel. 99790097, www.perbacco.de, Mo.-Sa. 11.30-14.30, 17.30-24 Uhr. Auch hier ist eine Reservierung sehr zu empfehlen. Lebhafter Italiener mit wöchentlich wechselnder Karte und vielen Stammgästen, die wegen der authentischen Küche und wohl auch wegen der herzlichen Gastfreundschaft gerne wiederkommen.

30 [E4] **Plenum** €€-€€€, Konrad-Adenauer-Str. 3, Haltestelle: Charlottenplatz, U1, U2, U4, U5, U6, U7, U12, U15, Tel. 30000016, www.restaurant-plenum-stuttgart.de, Mo.-Do. 11-23, Fr., Sa. 11-0.30, So.11-22 Uhr (Küche nicht durchgehend). Das Restaurant mitten im Zentrum profitiert von der Lage im Landtagsgebäude - auf der Terrasse und durch große Panoramafenster genießt man den Blick ins Grüne des Oberen Schlossgartens 2. Die Speisekarte bietet eine ansprechende Auswahl an Fleisch- und Fischgerichten vom Wiener Schnitzel aus heimischem Kalbfleisch bis zum gegrillten Oktopus und vergisst auch Veganer und Vegetarier nicht.

› **Roberts cucina italiana** €€, im Literaturhaus Stuttgart (s. S. 67), Tel. 50493904, https://roberts-stuttgart.de, Mo.-Sa. 11.30-23.30 Uhr. Den deutschen Namen „Robert" erhielt das Lokal als Hommage an den Firmengründer Robert Bosch, der hier einst begann. Gekocht wird jedoch italienisch: Pizza und Pasta werden in dem großen Restaurant ebenso aufgetischt wie Vitello tonnato, Saltimbocca oder Wolfsbarsch vom Grill.

(karls) kitchen (s. S. 70) im Obergeschoss des Kaufhauses Breuninger

31 [ak] **Speisekammer West** €€, Rosenbergstr. 89, Haltestelle: Schwabstraße, U2, U9, Tel. 93590622, www.speisekammer-west.de, Mo.–Fr. 11.30–14.30, 17–23, Sa. 17–23 Uhr, Küche jeweils bis 21.30 Uhr. Hier wird vor allem mit regionalen Zutaten gekocht nach dem Motto „Echte Frische braucht kurze Wege". Zwiebelrostbraten vom Albrind und andere traditionelle Klassiker, aber auch zeitgemäß weiterentwickelte heimische Gerichte zu angemessenen Preisen gibt es im puristisch eingerichteten Ecklokal.

32 [C8] **Sultan Saray** €€, Filderstr. 43, Haltestelle: Lehenstraße, Bus 43, Tel. 3417703, www.sultan-saray.de, Mo.–Fr. 11–24, Sa., So. 12–24, Küche bis 23 Uhr. Köstliche orientalische Vorspeisen und Hauptgerichte vom Lamm, Fisch oder Gemüse. Zwei Filialen in der Innenstadt, doch hier im Lehenviertel ist das Interieur altmodisch in einer Art gemütlicher, schwäbisch-türkischer Mischung geblieben.

33 [A6] **Vegalena** €, Augustenstr. 88, Haltestelle: Schwabstraße, S1, S2, S3, S4, S5, S6, S60, www.vegalena.de, Mi.–Fr. 11.30–14.30 und 17–22, Sa., So. 17–22 Uhr. Das vegane Restaurant will erschwingliche vegane Küche anbieten und setzt bei den Gerichten auf mediterrane und orientalische Inspirationen – von Bowls bis zu Risotto.

34 [D6] **Vetter Essen & Trinken** €€-€€€, Bopserstr. 18, Haltestelle: Wilhelm-/Olgastraße, Tel. 241916, https://vetter-essen-trinken.de, Di.–Sa. 18–24, Küche bis 23 Uhr. Das modern ausgestattete, schön-schlichte Ecklokal hat viele Fans, ohne Reservierung geht hier gar nichts. Die innovative Küche hat Gourmetniveau, die häufig wechselnde Karte bietet Ansprechendes für Fleisch-, Fisch- und Gemüseliebhaber. Im Sommer bleiben die paar Plätze vor der Tür auf dem Mozartplatz auch nicht lange unbesetzt.

MEIN TIPP

Calwer Straße

In der Calwer Straße reihen sich gleich mehrere Restaurants und Bars aneinander, vom Kultimbiss Udo über die Sushibar im Feinkostgeschäft Böhm bis zum Paulaner Wirtshaus und seit einiger Zeit auch die Kessler Sektbar. Das Stammhaus in Deutschlands ältester Sektkellerei befindet sich im nahen Esslingen und auch dort steht man – wie jetzt in Stuttgart – bei einem Gläschen Schampus gern gesellig beisammen.

37 [C4] **Kessler Sektbar,** Calwer Str. 58, Haltestelle: Rotebühlplatz-Stadtmitte, U2, U4, U14, S1, S2, S3, S4, S5, S6, S60, www.kessler-sekt.de, Mo.–Fr. 12–21, Sa. 10–21 Uhr

35 [bm] **Wielandshöhe** €€€, Alte Weinsteige 71, Haltestelle: Weinsteige, Tel. 6408848, www.wielandshoehe.de, Di.–Sa. 12–15.30 und 18–23.30 Uhr. Vincent Klink ist als TV-Koch, Autor und Verfasser von Kochbüchern mehr als bekannt. Sein mit einem Stern ausgezeichnetes Restaurant in Degerloch ist dennoch bodenständig geblieben. Beim Traditionalisten wird regional gekocht, aber auf hohem Niveau. Was zählt, ist die Produktqualität vom Lammrücken bis zum Wurzelgemüse.

Weinstuben und schwäbische Küche

36 [A8] **Goldener Adler** €-€€€, Böheimstr. 38, Haltestelle: Marienplatz, U1, U9, U34, Tel. 6338802, www.goldener-adler-stuttgart.de, täglich 17.30–22 Uhr. Modern interpretierte Klassiker hat sich die Küche auf die Fahne geschrieben und der Service ist charmant und freundlich. Zum Zwiebelrostbraten oder Tafelspitz gibt es im gediegenen Ambiente in Heslach auch eine gute regionale Weinauswahl.

38 [D8] **Kochenbas** €-€€, Immenhofer Str. 33, Haltestelle: Markuskirche, Bus 43, Tel. 602704, Di.–So. 11.30–14 und 17.30–22 Uhr. Bei der Kochenbas (von „Base" für Cousine) sitzt der Gast wie bei Oma in der Stube und genauso gut schmecken hier auch die hausgemachten schwäbischen Klassiker. Maultaschen sind nämlich nicht gleich Maultaschen. Der junge Wirt, der das berühmte Traditionslokal übernommen hat, will die Stammgäste durch bewährte Qualität überzeugen.

39 [bh] **Lamm** €€, Mühlstr. 24, Haltestelle: Wilhelm-Geiger-Platz, U6, U13, Tel. 8822622, www.lamm-feuerbach.de, Do.–Sa. 18–24 Uhr. Die Weinstube in Feuerbach ist bekannt für Hausgemachtes und als Slow-Food-Tipp. Verwendet werden nur hochwertige regionale Produkte ohne künstliche Zusatzstoffe. Es gibt nur eine Handvoll Gerichte, je nachdem, was der Markt saisonal bietet.

40 [E5] **Schellenturm** €€-€€€, Weberstr. 72, Haltestelle: Rathaus, U1, U2, U4, U9, U14, Tel. 2364888, www.schellenturm-stuttgart.de, Di.–Sa. 16–22 Uhr. Der einzig erhaltene Turm der alten Stadtmauer besitzt einen Aufbau aus Fachwerk. Heute fungieren die Turmstuben als urige Weinstube und das Plätzchen vor dem Bau aus dem 16. Jahrhundert als kleiner Biergarten. Schwäbisch-bürgerliche Küche inklusive Rostbraten werden auf der Karte um marktfrische Saisongerichte ergänzt.

41 [D4] **Taos Weinbar** €€, Bärenstr. 3, Haltestelle: Charlottenplatz, U5, U6, U7, U12, U15, Tel. 242380, https://ta-os-weinbar.de, täglich 11.30–2 Uhr. Im bis spät geöffneten Lokal an der Markthalle stehen die schwäbischen Klassiker im Mittelpunkt, also zum Beispiel Maultaschen, Spätzle, Zwiebelrostbraten. Wein aus der Region, von der Mosel oder aus Österreich fördert zusätzlich die Gemütlichkeit.

42 [E5] **Weinhaus Stetter** €, Rosenstr. 32, Haltestelle: Charlottenplatz, U1, U2, U4, U5, U6, U7, U12, U15, Tel. 240163, www.weinhaus-stetter.de, Mo.–Fr. 15–23, Sa. 12–15 und 17.30–23 Uhr. Das Weinhaus im Bohnenviertel hat jede Menge Retro-Charme, der auch bei jungen Gästen so angesagt ist, dass die Tische immer gut besetzt sind. Zur schwäbischen Küche, alles hausgemacht, gibt es eine überaus große Weinauswahl, denn die Weinhandlung gleich nebenan gehört zum Lokal. Im Sommer werden ein paar Tische und Stühle vor die Tür gestellt, sodass man laue Abende auch draußen genießen kann.

43 [eh] **Weinstube am Stadtgraben** €€, Bad Cannstatt, Am Stadtgraben 6, Haltestelle: Wilhelmsplatz, U1, U2, U13, U19, Tel. 567006, www.weinstube-stadtgraben.de, Mo.–Fr. 18–22, Sa., So. 17–22 Uhr. Gutbürgerliche und schwäbische Küche mit Anspruch – die Speisen werden frisch zubereitet, vorzugsweise aus Biozutaten aus der Region. Neben den Fleischklassikern von Zwiebelrostbraten über Entenbrust bis zu Königsberger Klopsen gibt es auch eine kleine Auswahl an vegetarischen und Fischgerichten.

44 [D5] **Weinstube Fröhlich** €€, Leonhardstr. 5, Haltestelle: Rathaus, U1, U2, U4, U9, U14, Tel. 242471, www.weinstube-froehlich.de, Di.–Do. 17.30–24, Fr., Sa. 17.30–1 Uhr. Etwas versteckt im Rotlichtviertel hat das Weinhaus Fröhlich nicht nur zwei gemütliche Gaststuben, sondern auch einen kleinen lauschigen Hinterhof zum Draußensitzen. Neben schwäbischen Klassikern steht auch Mediterranes auf der Karte.

› *Weinbau mitten in der Stadt*

Cafés, Eisdielen

45 [E5] **Café Da,** Brennerstr. 29, Haltestelle: Olgaeck, U5, U6, U7, U12, U15, www.cafeda.de, Mo., Do. 12–18, Fr., Sa. 10–19 Uhr. Spezialität des Cafés im Bohnenviertel sind neben klassischen Kuchen und Torten auch vegane und glutenfreie Varianten.

46 [B8] **Café Kaiserbau,** Marienplatz 12, Haltestelle: Marienplatz, U1, U9, U34, Tel. 6338383, www.cafe-kaiserbau.de, Mo.–Sa. 8.30–24, So. 10–21 (im Winter So. nur bis 18 Uhr), Küche 12–14.30 und 18–23 Uhr. Das schlichte Café und die Terrasse zum Marienplatz sind zum Frühstück ebenso beliebt wie zum Mittagstisch. Im Sommer locken auch die fantasievollen Bio-Eissorten der benachbarten Eisdiele.

47 [C6] **Claus Eismanufaktur & Deli**, Tübinger Str. 41–43, Haltestelle: Österreichischer Platz, U1, U9, U34, Tel. 50465932, https://claus-stuttgart.de, täglich 10–18 Uhr. Für das Eis aus naturbelassenen, möglichst regionalen Zutaten verzichtet die Manufaktur auf Zusätze wie künstliche Aromen, Farb- und Konservierungsstoffe. Das kleine Lokal ist aber auch als Deli beliebt, denn Eggs Benedict, veganes Rührei, Stullen und Bowls schmecken schon zum Frühstück.

48 [F4] **Eis-Bistro Pinguin,** Eugensplatz 2A, Tel. 2637973, www.eispinguin.de, Mo.–Fr. 11–24, Sa., So. 13–20 Uhr. Die Kult-Eisdiele bietet gängige genauso wie ausgefallene Sorten, z. B. Blutorange oder Sanddorn, an. Lecker sind sie alle!

49 [D5] **Fleck & Schneck,** Torstr. 27, Haltestelle: Stadtmitte/Rotebühlplatz, U2, U4, U14, U34, S1, S2, S3, S4, S5, S6, S60, Tel. 2348961, www.caffe-bar.com, Mo.–Mi. 8.30–1, Do., Fr. 8.30–2, Sa. 9–3, So. 12–24 Uhr. Die winzige Espressobar, die nur aus einem Tresen und ein paar Barhockern besteht, sieht aus wie direkt aus Italien hierher versetzt.

50 [D7] **Herbertz,** Immenhoferstr. 13, Haltestelle: Österreichischer Platz, U1,

040st Abb.: sm

MEINE TIPPS

Lecker vegetarisch

Wer abends in gemütlichem Ambiente essen gehen möchte, ist im veganen **Körle und Adam** (s. S. 71) in Feuerbach gut aufgehoben. Eine gute Auswahl an vegetarischen Mittagsgerichten findet man im Stadtzentrum im Selbstbedienungsrestaurant **(karls) kitchen** (s. S. 70). Für die Gourmets unter den Vegetariern wird bei Vincent Klink in der **Wielandshöhe** (s. S. 73) und **Bei den Steins** (s. S. 71) gesorgt. Im **Zimt & Zucker** (s. rechts) denkt man auch an Allergiker. Relativ neu ist das vegane Restaurant **Vegalena** (s. S. 73). Veganes Frühstück gibt es bei Claus Eismanufaktur & Deli (s. S. 75).

Für den späten Hunger

Für den späten Hunger ist in Stuttgart **nur vereinzelt** gesorgt, in den meisten Restaurants schließt die Küche gegen 21 oder 22 Uhr. Bis nach Mitternacht bleibt Fr. und Sa. die Küche im Falafel-Lädchen **Vegi Stuttgart** (s. S. 30) geöffnet. Ebenfalls Fr. und Sa. bekommt der hungrige Nachtschwärmer im Kultimbiss **Udo Snack** noch Burger und Currywurst und der legendäre **Brunnenwirt** bietet täglich bis 2, Fr. und Sa. bis 3 Uhr Imbissbudenklassiker.

51 [C4] **Udo Snack** €, Calwer Str. 23

52 [D5] **Brunnenwirt** €, Leonhardsplatz 25

Lokale mit guter Aussicht

Lokale mit guter Aussicht findet man nicht nur auf den Höhen, sondern auch unten im Kessel. Ein Biergarten mit schönem Blick auf Stuttgart ist **Tschechen & Söhne** auf der Karlshöhe (s. S. 79). Auch vom **Teehaus** (s. S. 79) bzw. der benachbarten Plattform blickt man auf die Stadt. Das **Cube** (s. S. 71) im Kunstmuseum bietet Logenplätze am Schlossplatz.

Frühstück

Gut **frühstücken** kann man in der **Alten Kanzlei** (s. S. 77), und im **Café Kaiserbau** (s. S. 75) im Sommer auf der Terrasse mit Blick auf den Schiller- bzw. Marienplatz. Veganer werden im **Café Da** (s. S. 75) und im Deli der **Claus Eismanufaktur** (s. S. 75) fündig. Wer bei Regen oder Kälte gemütlich drinnen frühstücken will, ist im **Hüftengold** (s. S. 77) am prasselnden Kamin und im bunt-verspielten **Zimt & Zucker** (s. S. 77) gut aufgehoben.

Mittagstisch und Dinner for one

In allen Cafés, ob in der **Alten Kanzlei**, im **Hüftengold** oder **Café Kaiserbau** (s. S. 75), werden zum Lunch Salate und günstige Tagesgerichte angeboten. Wer mittags am liebsten zum Italiener geht, kann eng und turbulent im **Perbacco** (s. S. 72), an großzügigen Plätzen bei **Roberts cucina italiana** (s. S. 72) oder mitten im Grünen im **Mezzogiorno** (s. S. 78) sitzen. Aufgrund der Coronapandemie und des Personalmangels haben allerdings viele Restaurants leider nur noch abends geöffnet. Für gehobene Ansprüche empfiehlt sich der günstige Mittagstisch in der **Wielandshöhe** (s. S. 73) und **im Cube** (s. S. 71).

Auch wer **alleine unterwegs ist,** hat in den genannten Cafés viel zu gucken, kann sich aber auch gut in **(karls) kitchen** (s. S. 70) niederlassen, wahlweise am Fenster mit Blick auf den Marktplatz oder im eher loungeartigen Bereich am Kamin.

U9, U34, Tel. 8884566, www.cafe-herbertz.de, Mo.–Fr. 7–18, Sa. 8–18, So. 9–18 Uhr. Die riesige, altertümliche Espressomaschine sorgt für Qualität. An Stehtischen kommt man nachbarschaftlich ins Gespräch oder widmet sich der Zeitung. Hier ist das Flair der Boheme noch gegenwärtig und geradezu greifbar.

53 [E5] **Hüftengold,** Olgastr. 44, Haltestelle: Olgaeck, U5, U6, U7, U12, U15, Tel. 2486988, www.hueftengold.de, Sa. 9.30–17, So. 9.45–17 Uhr. Ausgefallen, aber stimmig ist das Ecklokal ausgestattet. Im Winter locken gemütliche Kissen und der knisternde Kamin, im Sommer das selbstgemachte Eis und das ganze Jahr über das Frühstück (Brunch bis 14 Uhr).

54 [C8] **List,** Liststr. 25, Haltestelle: Markuskirche, Bus 43, Tel. 51872747, www.cafe-list.de, Mo., Mi., Do. 8.30–17, Di. 8.30–15, Fr. 8.30–18, Sa. 9–18, So. 10–18 Uhr. Das Café im Lehenviertel bietet neben Frühstück auch kleine Gerichte an.

55 [A4] **Mókuska,** Johannesstr. 34, Haltestelle: Schloss-/Johannestrasse, U2, Tel. 93329039, https://mokuska-caffe.de, Mo.–Sa. 8–18 Uhr. Wem im Café der Rösterei der frisch aufgebrühte Kaffee gut schmeckt, kann hier die ebenso frisch gerösteten Bohnen aus Brasilien, Äthiopien, Kolumbien, Mexiko oder Peru auch gleich kaufen.

56 [D3] **Old Bridge,** Bolzstr. 10, Haltestelle: Schlossplatz, U5, U6, U7, U12, U15, Tel. 50424611, www.oldbridge-gelateria.de, März–Nov. Di.–Sa. 12–19 Uhr. Die Eisdiele in strategisch günstiger Lage nahe Schlossplatz, Königsbau-Passagen und Metropol-Kino verkauft rund 35 Sorten hausgemachtes Speiseeis, aber auch andere süße Spezialitäten aus Italien.

57 [C6] **Zimt & Zucker,** Weißenburgstr. 2c, Haltestelle: Österreichischer Platz, U1, U9, U34, Tel. 91275198, auf Facebook, Di.–So. 9–18 Uhr (im Sommer ggf. länger). Das kleine Lokal versteht sich als Tagescafé mit Frühstück von Pancakes bis Porridge, hausgemachten Kuchen und einer kleinen Karte mit täglich wechselnden Speisen, meist einer Suppe, einem Salat, einem veganen und einem Fisch- oder Fleischgericht.

Smoker's Guide

In Baden-Württemberg gilt das **Rauchverbot für alle Gaststätten,** es sei denn, es sind vollständig abgetrennte Nebenräume vorhanden, die auch extra als **Raucherräume** gekennzeichnet sind. Für Minderjährige ist der Zutritt dort allerdings verboten. **Vom Rauchverbot ausgenommen** sind Bier- und Weinzelte auf Volksfesten. Auch Wirte mit Lokalen unter 75 m² Größe können sich dafür entscheiden, dass bei ihnen geraucht werden darf.

Immer mehr Lokale heißen inzwischen wieder Gäste mit Pfeife, Zigarre oder Zigarette in eigens dafür eingerichteten Räumen willkommen. Der **Bix Jazzclub** (s. S. 85) hat im Obergeschoss eine Raucherlounge mit Zigarrenkarte und eigener Bar eingerichtet und auch das **7 Grad** (s. S. 82) an der Partymeile „Theo" bleibt nur im Erdgeschoss rauchfrei. Im Hotel **Steigenberger Graf Zeppelin** am Hauptbahnhof (s. S. 128) ist die klassisch-edle **Davidoff Lounge** Treffpunkt für Zigarrenraucher. Auch im **Platzhirsch** (s. S. 82) im Kneipen-Bermuda-Dreieck am Hans-im-Glück-Brunnen, in der **Roten Kapelle** (s. S. 82) am Feuersee und im **Die BAR** (s. S. 80) im Stuttgarter Westen darf immer, im **Fleck & Schneck** (s. S. 75) ab 18 Uhr geraucht werden. Auch in der **Fou Fou Bar** (s. S. 80), im **Marshall Matt** (s. S. 81) und in der **Schwarz Weiß Bar** (s. S. 82) wird geraucht.

Biergärten und Sommerlokale

58 [D4] **Alte Kanzlei,** Schillerplatz 5a, Haltestelle: Schlossplatz, U5, U6, U7, U12, U15, Tel. 294457, www.alte-kanzlei-stuttgart.de, täglich 9–23, Küche durchgehend bis 22 Uhr. Die Terrasse auf dem Schillerplatz 10 eignet sich

mindestens so gut für ein Trendgetränk, ob Aperol oder Holundersaft, wie für ein Frühstück oder einen Salat als Mittagsimbiss. Entsprechend schnell füllen sich die Plätze bei schöner Witterung. Auch drinnen ist das Lokal eine Empfehlung, ob nachmittags zu Kaffee und Kuchen oder mittags auf einen Salat, im hellen Gastraum herrscht immer reger Betrieb.

59 [E4] **Amadeus,** Charlottenplatz 17, Haltestelle: Charlottenplatz, U1, U2, U4, U5, U6, U7, U12, U15, Tel. 292678, www.amadeus-stuttgart.de, Di.–Fr. 11.30–23, Sa. 9–23, So. 9–21 Uhr. Als Biergarten ist der Innenhof im alten Waisenhaus unschlagbar und daher auch oft gut besetzt. Auf ein spätes Frühstück, zum Weizenbier oder Aperol kehrt man hier ein, in der kälteren Jahreszeit wird auch drinnen gerne Internationales von der Karte geordert, von Burgern bis Bowls.

60 [di] **Buschpilot** €-€€, Karl-Schurz-Str. 28c, Haltestelle: Mineralbäder, U1, U2, U14, Tel. 2622345, https://buschpilot-stuttgart.de, täglich 11–23 Uhr. Im Park unweit der Villa Berg und des Mineralbads Das Leuze (s. S. 122) liegt der ehemalige Gartenschau-Pavillon, der als Café, Bar und Restaurant zugleich fungiert. Vor allem die Terrasse mitten im Grünen lockt die Besucher aus dem Innenstadtzentrum heraus. Am Wochenende abends aber oft für private Feiern gebucht (siehe Website).

61 [C3] **Mezzogiorno** €€, Kriegsbergstr. 55, Haltestelle: Katharinenhospital, Bus 42, Tel. 295089, www.mezzo-giorno.de, Mo.–Do. 11.30–23.30, Fr. 11.30–24, Sa. 13–24 Uhr. Die Terrasse inmitten des grünen Uni-Campus lockt mit feiner italienischer Küche oder auf ein erfri-

Ein von Einheimischen und Besuchern gleichermaßen geschätztes Ereignis: das alljährlich stattfindende Stuttgarter Weindorf (s. S. 96)

090st Abb.: gk

schendes Getränk. Neben Pizza, Pasta, Fleisch und Fisch gibts auch eine gute Weinauswahl.

62 [C5] **Paulaner,** Calwer Str. 45, Haltestelle: Stadtmitte/Rotebühlplatz, U2, U4, U14, S1, S2, S3, S4, S5, S6, Tel. 224150, www.zumpaulaner.de, So.–Di. 10–22.30, Mi., Do. 10–23.30, Fr., Sa. 10–0.30, Küche jeweils 11–22 Uhr. Wo die Calwer Straße sich zum Plätzchen erweitert, sorgt der Biergarten der bayrischen Brauerei für Münchner Atmosphäre. Weißwurstfrühstück und Paulaner vom Fass verstehen sich von selbst, Maultaschen gibt es aber auch.

63 [E8] **Teehaus,** Hohenheimer Str. 119, Haltestelle: Bopser, U5, U6, U7, U12, Tel. 2367360, www.teehaus-stuttgart.de, März–Okt. 11–23 Uhr, zu Saisonbeginn und -ende nur am Wochenende. Bei schönem Wetter füllen sich die Plätze in und vor dem zierlichen, denkmalgeschützten Jugendstilpavillon schnell. Das Café mit Gartenterrasse profitiert vor allem von seiner wunderschönen Lage auf einer Anhöhe im Weißenburgpark und der benachbarten Aussichtsplattform mit tollem Blick über die Innenstadt. Die farbenprächtigen Deckengemälde im Innern wurden mit Musikantenszenen gestaltet.

64 [B7] **Tschechen & Söhne,** Humboldtstr. 44, Haltestelle: Silberburg-/Reinsburgstraße, Bus 92, Tel. 6744064, https://biergarten-karlshoehe.com, bei schönem Wetter täglich 11–24 Uhr. Im Sommer öffnet der Biergarten auf der Karlshöhe mit schönem Blick über die City. An lauen Abenden lockt auch der Blick auf die Lichter der Stadt. In der ehemaligen Milchbar der 1960er-Jahre, zur Landesgartenschau eingerichtet, gibt es Bier im Steinkrug und deftige Imbisse wie Wurstsalat und Fleischküchle. Und direkt durch den Biergarten führt der Blaustrümpflerweg, ein beliebter Wanderweg auf den Höhen bei Heslach.

Stuttgart am Abend

Zwei Arten von Nachtvögeln kennt die Stuttgarter Nacht: auf der einen Seite die Opern- und Premierengäste, die Theaterabobesitzer und das Konzertpublikum und auf der anderen das Partyvolk, die Clubber und Szenegänger. Ihre Wege kreuzen sich nur selten. Die Konrad-Adenauer-Straße fungiert als Kulturmeile der Stadt, die Theodor-Heuss-Straße, auch „Theo“ genannt, als Partymeile. Dem Haus der Geschichte und der Staatsgalerie gegenüber gruppieren sich Staatstheater und Schauspielhaus, an der Theo reihen sich die Clubs – fast alle setzen auf ein Mischkonzept aus Club mit Musikprogramm, Bar und Lounge – aneinander.

Nachtleben

Eine lebhafte Bar- und Clubszene sorgt dafür, dass im ehemaligen „Halbmillionendorf“ auch nach 22 Uhr kein Bürgersteig hochgeklappt wird. Am Wochenende wird die tagsüber stark befahrene **Theodor-Heuss-Straße** [C4] nachts zur Ausgehmeile „Theo“.

Bars, Lounges und **Clubs,** die die Ladenlokale früher hier ansässiger Firmen mit ihren großen Fensterfronten übernommen haben, reihen sich auf mehreren hundert Metern dicht an dicht. Auch wenn manche Spötter von „Party-Autobahn“ sprechen, die unter 30-Jährigen wissen die kurzen Wege zwischen den Clubs zu schätzen. Seit den Ausgeh-Beschränkungen während der Zeit der Pandemie schwächelt die Partymeile allerdings.

Als Hotspot für Szenegänger ist der **Hans-im-Glück-Brunnen** 16 dagegen wieder stärker in den Fokus gerückt. In den kleinen Gässchen der Altstadt geht es weniger schrill und trendy zu, im Bermuda-Dreieck rund um die Geißstraße [D5] herrscht eher Kneipenatmosphäre. Auch hier schwappt im Sommer die Szene nach draußen auf das Plätzchen am Brunnen.

Beliebt sind seit einiger Zeit auch die Lokale rund um den **Wilhelmplatz** [D5/6] bis in Stuttgarts Mini-Rotlichtviertel, die **Leonhardstraße** [D5], hinein sowie die am Marienplatz [B8] und an der Tübinger Straße [B7–C5]. Die Vielfalt des Angebots und die kurzen Wege machen es für die großen Diskotheken schwer, denn es gibt für Nachtschwärmer einfach jede Menge kleiner Clubs und Kneipen mit langen Öffnungszeiten als Alternative.

Allerdings mussten in letzter Zeit einige Clubs wegen Mieterhöhungen oder der Coronapandemie aufgeben, sodass sich ein Teil des Nachtlebens – wie in vielen anderen Großstädten auch – in Bars verlagerte.

Bars und Kneipen

65 [D5] **Café Weiß,** Geißstr. 16, Haltestelle: Rathaus, U1, U2, U4, U9, U14, Tel. 244121, https://cafe-weiss.de, Mo.–Do. 18–3, Fr., Sa. 18–4 Uhr. Im plüschigen Ambiente einer ehemaligen Animierbar sorgen Prägetapete, Ölschinken und Jukebox für Atmosphäre. Die Kultkneipe beim Hans-im-Glück-Brunnen hat schon einige Jährchen auf dem Buckel.

66 [A6] **Die BAR,** Augustenstr. 81, Haltestelle: Schwabstraße, S1, S2, S3, S4, S5, S6, Tel. 7159558, www.bar-stuttgart.com, Mi., Do., So. 20–1, Fr., Sa. 20–2 Uhr. Der Barklassiker im Stuttgarter Westen bietet eine riesige Cocktail- und Spirituosen-Auswahl, darunter auch erstklassige Whiskys und Rum-Spezialitäten. Im gepflegten 1960er-Jahre-Ambiente herrscht relaxte Atmosphäre, sonntags mit Livemusik.

› **Eduard's.** Die Bar im Dorotheen-Quartier füllt sich schon tagsüber, denn der Shoppingbummel lässt sich hier sehr entspannt bei einem Gläschen Champagner oder einem der zehn Spritz-Varianten beschließen. Für den hauseigenen Gin kooperiert die Bar mit einem lokalen Brenner (s. S. 30).

67 [D5] **Fou Fou,** Leonhardstr. 13, Haltestelle: Rathaus, U21, U24, Tel. 51891511, www.bar-foufou.de, Di., Mi. 19–1, Do. 19–2, Fr., Sa. 19–3, So. 19–24 Uhr. Stylish-schicke Bar im Rotlichtviertel mit dezenter Musik und großer Champagner- und Cocktailauswahl. Ein gesonderter Raum dient als Rauchersalon.

68 [D6] **Hanky Panky,** Sophienstr. 3, Haltestelle: Österreichischer Platz, U1, U9, U34, Tel. 40791161, www.hanky-panky.net, Di.–So. 17–2 Uhr. Die Cocktail-Auswahl dieser Bar im Kellergewölbe reicht von Klassikern bis zu Eigenkreationen. Den namensgebenden Hanky Panky gibt es selbstverständlich auch: Der Cocktail, in den 1920er-Jahren von der legendären Barkeeperin Ada Colemen im Londoner Savoy-Hotel erfunden, besteht aus Gin, Wermut und Fernet Branca.

69 [C4] **Jigger & Spoon,** Gymnasiumstr. 33, Haltestelle: Berliner Platz, U2, U4, U14, Tel. 21952260, www.jiggerandspoon.de, So.–Mi. 17–3, Do.–Sa. 17–4 Uhr. Drinks in einem Banktresor genießen? Hier ist es möglich. Als Gast muss man nur vorher an einer unauffälligen Tür klingeln, dann erreicht man treppab die ungewöhnliche Location im Hospitalviertel. Ein Jigger ist übrigens ein Messbecher für Cocktails.

70 [B7] **Lennart,** Tübinger Str. 109, Haltestelle: Marienplatz, U1, U9, Mi.–Sa. 19–1 Uhr. Die Bar tritt bewusst ohne Social Media und Telefonnummer auf und setzt ganz auf Mundpropaganda. Das funktioniert: In der Stuttgarter Barszene ist das Lokal eine gut besuchte Institution.

71 [D5] **Marshall Matt,** Eberhardstr. 6a, Haltestelle: Rathaus, U1, U2, U4, U9, U14, Tel. 2846878, www.marshallbar.com, Mo.–Do. 11–1, Fr., Sa. 11–3, So. 12–1 Uhr. Die Bar mit Retro-Flair führt tagsüber ein Leben als Kaffeehaus mit kleinem Mittagstisch, bevor sie abends auf Nachtlokal umschaltet. Raucher sind willkommen. DJs dürfen am Wochenende zeigen, was sie drauf haben, unter der Woche bleiben die Klänge „loungig" und entspannt.

72 [C4] **Mos Eisley,** Fritz-Elsas-Str. 20, Haltestelle: Stadtmitte/Rotebühlplatz, U2, U4, U14, U34, S1, S2, S3, S4, S5, S6, S60, Tel. 2842957, Mo.–Mi. 15–1, Do. 15–3, Fr., Sa. 15–5 Uhr. Vom Nachmittag bis zum späten Abend bilden – je nach Witterung – die Terrasse mit Blick auf Passanten oder das Innere des Kneipen-Bar-Café-Klassikers den richtigen Ort für ein junges Publikum auf der Suche nach einem Feierabendbier oder Absacker. Mit Raucherraum.

73 [D4] **o.T.,** Kleiner Schlossplatz 1, Haltestelle: Schlossplatz, U5, U6, U7, U12, U15, Tel. 2804441, www.cube-restaurant.de, So.–Do. 10–21, Fr., Sa. 10–23 Uhr. Die Bar „ohne Titel" im Foyer des Kunstmuseums fungiert tagsüber als Café mit Logenplätzen auf der Außenterrasse vor dem Glaswürfel. Aber auch, wenn die Sammlung schon geschlossen ist, bleibt hier bis Mitternacht geöffnet. Manchmal Livemusik, Fr. und Sa. legen DJs auf.

74 [D5] **Paul & George,** Weberstr. 3, Haltestelle: Rathaus, U1, U2, U4, U9, U14, www.paulandgeorge.de, täglich ab 18 Uhr „until late". In der Location mitten auf Stuttgarts Rotlicht-Minimeile füllen sich die Plätze am langen Tresen schnell. Vor der Backsteinwand mit den aufgereihten Flaschen, darunter mehr als 50 Whiskysorten, haben die Barkeeper alle Hände voll zu tun. Cooles Ambiente, freundlicher Service, bunt gemischtes, auch internationales Publikum.

Mehr als 50 Whiskysorten in coolem Ambiente: Paul & George

75 [D5] **Platzhirsch,** Geißstr. 12, Haltestelle: Rathaus, U1, U2, U4, U9, U14, Tel. 76162508, https://platzhirsch-stuttgart.de, Mo.–Do. 11–1, Fr., Sa. 11–3, So. 13–24, Küche 11.30–15.30 und 17.30–22.30 Uhr. Neben Clubs und Bars gibt es auch noch Kneipen am Hans-im-Glück-Brunnen. Im unprätentiösen, auch taglichttauglichen Wirtshaus gibt es auf zwei Etagen zwischen Hirschgeweihen Schwäbisches und Internationales aus der Küche, unten sind Glimmstängel erlaubt. Mit Außenterrasse.

76 [A5] **Rote Kapelle,** Feuerseeplatz 14, Haltestelle: Feuersee, S1, S2, S3, S4, S5, S6, Tel. 62055670, www.rotekapelle.de, Mo.–Fr. 11–1, Sa., So. 10.30–1 Uhr. Das Kneipenlokal im Stuttgarter Westen, das zugleich auch Frühstück und Mittagstisch bietet, lädt im Sommer zum Entspannen auf der Terrasse direkt am Feuersee. Bei Schmuddelwetter lässt es sich auch drinnen gut aushalten, den Raucherraum beleuchtet ein 5 Meter langes Aquarium.

77 [D6] **Schwarz Weiß Bar**, Wilhelmstr. 8a, Haltestelle: Rathaus, U1, U2, U4, U9, U14, www.schwarz-weiss-bar.de, So.–Do. 20–3, Fr., Sa. 20–5 Uhr. Die winzige Jazz- und Raucherbar wurde für den Glenfiddich Award nominiert, einer hochgeschätzten Auszeichnung für Barkultur, und gehört damit zu den Top Ten in Deutschland.

Clubs und Lounges

78 [C4] **7 Grad,** Theodor-Heuss-Str. 32, Haltestelle: Stadtmitte/Rotebühlplatz, U2, U4, U14, U34, S1, S2, S3, S4, S5, S6, S60, Tel. 48983925, www.7grad-stuttgart.de, Di.–Do. 21–3 Uhr, Fr., Sa. und vor Feiertagen 21–5 Uhr, So. und Mo. geschlossen. Abgerockt – nach dem Motto „Schon mal bei 7 Grad geschwitzt" – wird auf zwei Etagen. Das Erdgeschoss bleibt rauchfrei, im Obergeschoss hingegen sind Raucher willkommen. An der 15 Meter langen Bar drängt sich ein überwiegend junges Publikum zu House und Electro. Di. Studentenparty.

79 [ch] **Perkins Park,** Stresemannstr. 39, Haltestelle: Killesberg, U5, U12, Tel. 2560062, www.perkins-park.de, Fr., Sa. 21–6 Uhr. Der Oldie auf dem Killes-

Beim Abendschoppen im Stuttgarter Weindorf (s. S. 96)

104st Abb.: gk

berg erfreut sich auch nach drei Jahrzehnten noch großer Beliebtheit. Zeitweilig galt die Disco gar als Äquivalent zum schicken Münchner P1. Mehrere Dancefloors werden mit Discoklassikern, HipHop und R&B/Soul beschallt. Untergebracht im ehemaligen Parkrestaurant aus den 1930er-Jahren gehört auch ein als Lounge eingerichteter Außenbereich dazu.

Kartenvorverkauf

Karten für Konzerte und andere Veranstaltungen bekommt man bei **Saturn** in den Königsbau-Passagen 7 (Tel. 221235), bei **Easy Ticket** (Tel. 2555555, www.easyticket.de) und bei **Stuttgart Marketing** (Tel. 2228243, www.stuttgart-tourist.de).

Theater, Tanz und Kleinkunst

Stuttgart ist eine **Theatermetropole** und bietet rund 35 Premieren pro Monat und ca. 20 Vorstellungen pro Abend. Etwa 45 Bühnen sorgen für traditionsverbundene oder provozierende Inszenierungen, bringen Boulevard oder Slapstick auf die Bühne oder unterhalten mit üppigen Musicals oder frechem Kabarett mit Biss. Neben dem Stuttgarter **Ballett** sorgen weitere **Tanzkompanien** mit Performance- und Crossover-Projekten für Vielfalt. Auch mit **Themenreihen** und **Festivalwochen** kann sich Stuttgarts Kulturszene sehen und hören lassen.

80 [C5] **Altes Schauspielhaus,** Kleine Königstr. 9, Haltestelle: Stadtmitte/Rotebühlplatz, U2, U4, U14, U34, S1, S2, S3, S4, S5, S6, S60, Tel. 227700, www.schauspielbuehnen.de. Im schönen Jugendstilgebäude mit rund 500 Sitzplätzen im Theatersaal pflegt man niveauvolle Unterhaltung, ob als Musical oder Klassikerinszenierung mit aktuellem Bezug, Bühnenfassung erfolgreicher Filme oder Komödie. Unter derselben Intendanz steht die Komödie im Marquardt in der Bolzstraße mit knapp 380 Plätzen und einem Programm aus Boulevard, klassischen Lustspielen und Liebeskomödien sowie Dialektstücken:

81 [D5] **Fitz! Zentrum für Figurentheater,** Eberhardstr. 61a, Haltestelle: Rathaus, U1, U2, U4, U9, U14, Tel. 241541, www.fitz-stuttgart.de. Aus dem einstigen Puppen- und Marionettentheater entwickelte sich ein Figurentheater, eines der führenden Deutschlands.

82 [ch] **Friedrichsbau Varieté,** Siemensstr. 15, Haltestelle: Pragsattel, U6, U7, U13, U15, U16, Tel. 2257070, www.friedrichsbau.de. Seit 1994 wird hier ein buntes Programm aus Artistik, Comedy, fantasievollen Revuen, Clownerien und Varietékunst angeboten – inzwischen nicht mehr im namengebenden Friedrichsbau in der Innenstadt, sondern seit 2014 in einer neuen Spielstätte am Pragsattel neben dem Theaterhaus.

83 [D5] **Junges Ensemble Stuttgart,** Eberhardstr. 61a, Haltestelle: Rathaus, U1, U2, U4, U9, U14, Tel. 2184800, www.jes-stuttgart.de. Theater für Kinder und Jugendliche.

84 [D3] **Komödie im Marquardt,** Bolzstraße 4–6, Haltestelle: Schlossplatz, U5, U6, U7, Tel. 227700

85 [C4] **Renitenztheater,** Büchsenstr. 26, Haltestelle: Stadtmitte/Rotebühlplatz, U2, U4, U14, U34, S1, S2, S3, S4, S5, S6, S60, Tel. 297075, www.renitenztheater.de. Stuttgarts älteste Kabarettbühne wurde Anfang der 1960er-Jahre gegründet. Die erste Garde streitbarer Politspötter und hintersinniger Wortakrobaten tritt hier auf. Mit anderen deutschen Kleinkunstbühnen ermittelt man in der gemeinsamen Kabarettbundesliga den Deutschen Meister, der Stuttgarter Besen ist ein Nachwuchswettbewerb.

86 [E3] **Staatstheater,** Oberer Schlossgarten 6, Haltestelle: Staatsgalerie, U1, U2, U4, U9, U14, Tel. 202090, www.staatstheater-stuttgart.de. Im Großen Haus finden 1400 Zuschauer Platz, dem Schauspiel- oder Kleinen Haus wurde noch ein Kammertheater beigesellt. Zum Dreispartenhaus gehören Oper, Schauspiel und Ballett. Schon mehrfach wurde die Staatsoper als „Opernhaus des Jahres" ausgezeichnet. Unter den legendären Choreografen John Cranko und Marcia Haydée zu Weltruhm gelangt, tanzt die Ballett-Compagnie nach wie vor an der Weltspitze. Das Schauspiel begeistert mit auch international beachteten Neuinszenierungen.

87 [ch] **Theaterhaus,** Siemensstr. 11, Haltestelle: Pragsattel, U6, U7, U13, U15, U16, Tel. 4020720, www.theaterhaus.com. Eine ehemalige Fabrikhalle des Rheinstahl-Werks auf dem Pragsattel wurde zum Kulturzentrum umgebaut. Das Theaterhaus bietet mit eigenen Ensembles ein Theater- und Tanzprogramm und verpflichtet für Gastspiele und Koproduktionen auch Comedy- und Kabarettkünstler. Außerdem gibt es Vorträge, Jazz- und Pop-Konzerte, Ausstellungen, Lesungen und ein Kinder- und Jugendprogramm. In den vier Hallen unter einem Dach reicht die Bandbreite von populärer Unterhaltung bis zu Experimentellem. Ostern stehen jährlich die Theaterhausjazztage im Programm.

88 [C8] **Theater Rampe,** Filderstr. 47, Haltestelle: Marienplatz, U1, U9, U34, Tel. 62009090, www.theaterrampe.de. Multimediale Inszenierungen vom Autorenprojekt im Fernsehturm über die Nummernrevue bis zur Playmobil-Performance.

019st Abb.: gk

Konzertkultur und -säle

Stuttgart hat eine **lebendige Jazzszene** mit gleich mehreren Festivals im jährlichen Veranstaltungskalender. **Klassikfans** wissen neben dem Opernhaus auch Konzerte der Philharmoniker, des Kammerorchesters (https://stuttgarter-kammerorchester.com) und des SWR Symphonieorchesters in der Liederhalle oder im Senderhaus des SWR zu schätzen. **Pop- und Rockkonzerte,** große **Sportevents** und **Shows** finden auch in der Hanns-Martin-Schleyer-Halle und der Porsche-Arena statt. Einmal wöchentlich spielen bei der **„Musikpause"** im Fruchtkasten (s. S. 25) Studierende der Musikhochschule auf den historischen Instrumenten und ebenfalls einmal wöchentlich lädt die Stiftskirche 11 zur **„Stunde der Kirchenmusik".**

Das Große Haus des Staatstheaters

89 [D5] **Bix Jazzclub,** Leonhardsplatz 28, Haltestelle: Rathaus, U1, U2, U4, U9, U14, Tel. 23840997, www.bix-stuttgart.de, Di.-Sa. 19-1 Uhr. Der Jazzclub im Gustav-Siegle-Haus gehört zu den Top Ten in Europa, hier treten so renommierte Künstler wie Joshua Redman oder Wynton Marsalis auf. Als edle Lounge gestaltet, darf im oberen Stock mit eigener Bar und Zigarrenkarte geraucht werden, unten spielt die Musik und es wird getanzt. Dienstags präsentieren Studierende der Musikhochschule Stuttgart eigene Programme.

90 [fi] **Hanns-Martin-Schleyer-Halle,** Mercedesstr. 50, Haltestelle: NeckarPark, S1, Tel. 955440, www.hallenduo.de. Die Allzweckhalle mit 8500 Tribünenplätzen im NeckarPark füllen nur die ganz Großen von Udo Lindenberg bis James Blunt.

91 [dh] **Im Wizemann**, Quellenstr. 7, Haltestelle: Glockenstraße, U16, www.imwizemann.de. Auf dem Wizemann-Areal entstand diese Spielstätte für Bands – mit großer Halle (für bis zu 1300 Besucher), rauem Industriecharme und kleinem Club (500 Plätze).

92 [B3] **Liederhalle,** Berliner Platz 1-3, Haltestelle: Berliner Platz, Linie U2, U4, U14, U29, U34, Tel. Ticketservice 2555555, www.liederhalle-stuttgart.de. Der Klassiker unter den Stuttgarter Konzerthallen mit hervorragender Akustik ist Teil des Kultur- und Kongresszentrums am Bosch-Areal. Die Liederhalle selbst wurde 1956 eröffnet.

93 [E4] **Musikhochschule,** Urbanstr. 25, Haltestelle: Charlottenplatz, U1, U2, U4, U5, U6, U7, U12, U15, Tel. 95488495, www.mh-stuttgart.de. In ihrer Ausbildungsstätte geben Studierende auch oft kostenlose Konzerte. Etwa einmal im Monat finden Orgelführungen statt.

94 [D5] **Philharmonie Gustav-Siegle-Haus,** Leonhardplatz 28, Haltestelle: Rathaus, U1, U2, U4, U9, U14, www.stuttgarter-philharmoniker.de. Der kleine Saal fasst etwa 50 Personen, der große rund 500. Hier haben die Stuttgarter Philharmoniker ihren Sitz.

95 [fi] **Porsche-Arena,** Mercedesstr. 50, Haltestelle: NeckarPark, S1, Tel. 955440, www.hallenduo.de. Halle im NeckarPark mit ca. 6000 Tribünensitzplätzen für Sportevents und Konzerte.

Das Kammertheater gehört zum renommierten Staatstheater

Stuttgart zum Stöbern und Shoppen

An der südlichen Hälfte von Stuttgarts bekanntester Einkaufsmeile, der Königstraße, und parallel dazu in der Calwer Straße ⓯ sowie rund um das Dorotheen-Quartier findet man Exklusives und Exquisites. Ausgefallener wird es in der Eberhard- und der Sophienstraße, Newcomer und junge Designer, von denen es in Stuttgart nicht wenige gibt, suchen sich erst mal preiswertere Lagen am Rand der Innenstadt.

Die **Königstraße** (www.koenigstr.de) ist nicht nur die älteste und eine der längsten Fußgängerzonen Deutschlands, sie kann sich auch, was den Bekanntheitsgrad angeht, mit der Düsseldorfer Königsallee, der Hohen Straße in Köln oder der Frankfurter Zeil messen. Durch die Stuttgarter Hauptgeschäftsstraße schieben sich an Spitzentagen bis zu 95.000 Menschen. Praktischerweise beginnt die zentrale Einkaufsmeile direkt am **Hauptbahnhof** ❶ und zieht sich als Längsachse durch die ganze Innenstadt. Gleich neben dem Aufgang aus der unterirdischen Klett-Passage versorgt Stuttgart-Marketing im i-Punkt (s. S. 115) auch mit Shoppingtipps und eigens gedruckten Shoppingstadtplänen, im Winter auch für die Weihnachtsmärkte. Nahe dem Bahnhof säumen Filialisten, Schuh- und Textilgeschäfte die Einkaufsstraße, jenseits des Schlossplatzes ❺ werden die Boutiquen edler (und die höchsten Ladenmieten der Stadt gezahlt). Dort haben die noblen Läden auch die Nachbarstraßen okkupiert. In den **Königsbau-Passagen** ❼ haben sich Möbel- und Leuchtenhersteller, ein großer Medienhändler und zahllose einzelne Geschäfte zu einer großen innerstädtischen Einkaufspassage auf mehreren Ebenen gruppiert.

Das **Shoppingareal** der Stuttgarter Innenstadt reicht auch rund um die Stiftskirche ⓫, den Marktplatz ⓮ und das Kaufhaus Breuninger (s. S. 89) bis in die **Eberhardstraße** [C/D5]. Im benachbarten **Dorotheen-Quartier** [D4/5] haben sich Showrooms bekannter Marken wie Rolex, Porsche, Riviera Maison und Louis Vuitton (www.dorotheen-quartier.de) angesiedelt. Die **Schulstraße** [D4] wurde in den 1950er-Jahren als eine der ersten Fußgängerzonen Deutsch-

011st Abb.: gk

◁ *Modisches gibt es auf mehreren Etagen im Kaufhaus Breuninger (s. S. 89)*

lands sogar auf zwei Geschossebenen angelegt.

Das **Gerberviertel**, das ohnehin direkt an die Geschäftsstraßen der City grenzt, entwickelt sich ebenfalls immer mehr zur Shoppingadresse. In der und rund um die **Sophienstraße** [C5/6] haben sich Boutiquen mit fairer Mode, Unterwäsche, Asia-Importen, Espresso, Schmuck oder Westernstiefeln angesiedelt. Zwischen Tübinger und Marien-, Sophien- und Paulinenstraße entstand ein großer Gebäudekomplex mit Flächen für knapp 90 weitere Ladenlokale – das Einkaufszentrum „Gerber" (www.das-gerber.de, s. S. 89).

Ein Erlebnis für sich ist die **Markthalle** 12. Im Stuttgarter „Schlaraffenländle" gibt es Genüsse aus fernen Ländern, insbesondere aber mediterrane und „gut schwäbische" Spezialitäten. Mehr als zwei Dutzend **Wochenmärkte** finden regelmäßig in den Stuttgarter Stadtteilen statt, insbesondere die dreimal wöchentlich auf Marktplatz und Schillerplatz stattfindenden Märkte sind auch für Besucher lohnend (s. S. 92).

Als ortstypische **Mitbringsel** sind Hochlandkaffee und Produkte von der Schwäbischen Alb wie Alblinsen und andere Kulinaria geeignet, die man in der Markthalle, aber auch in vielen anderen Geschäften überall in der Stadt erhält. Weitere typische Souvenirs sind T-Shirts und Taschen, die mit der Silhouette des Fernsehturms oder 0711 als Stuttgart-Vorwahl bedruckt wurden. Im **Museumsshop** des Landesmuseums 9 gibt es Repliken von Ausstellungsstücken, Ausschneidebögen und Puzzles. In den Museumsshops von Mercedes-Benz-Museum 44 und Porsche-Museum 46 sind Modellautos und Designstücke erhältlich, in der Staatsgalerie 20 originelle Kunstobjekte und Bildbände.

MEIN TIPP

Made in Stuttgart

Stuttgarter Designer kann man nicht nur vor Ort entdecken, sondern auch **im Internet.** Kleine **Onlineshops** animieren zum Stöbern – nach Kalendern, Tapetenstickern und Postkarten (www.glueckssachen.de und www.papierpiraten.com), Geschenken (www.kultstuecke.com), Dessous (www.rispetto-lingerie.de und www.coco-malou.com) oder fair produzierter Mode (https://eyd-clothing.com). Wessen Herz für Stuttgart schlägt, findet entsprechende T-Shirts und mehr im 0711 Store (www.0711store.de).

Bücher

96 [D4] **Osiander,** Marktplatz 5, Haltestelle: Rathaus, U1, U2, U4, U9, U14, Tel. 2489990, www.osiander.de, Mo.–Sa. 9.30–19 Uhr. Die Buchhandlung liegt direkt am Rathaus. Zwei weitere Filialen im „Gerber" (s. S. 89) und in Bad Cannstatt 43.

97 [D4] **Wittwer-Thalia,** Königstr. 30, Haltestelle: Schlossplatz, U5, U6, U7, U12, U15, Tel. 25070, www.wittwer.de, Mo.–Fr. 10–20, Sa. 9.30–20 Uhr. Die hervorragend sortierte Großbuchhandlung liegt ganz zentral an der Königstraße.

Mode

98 [D5] **Glore**, Eberhardstr. 10, Haltestelle: Rathaus, U1, U2, U4, U9, U14, Tel. 50451444, www.glore.de, Mo.–Fr. 11–19.30, Sa. 11–19 Uhr. Der *green concept store* versteht sich als

Shoppingareale

Die wichtigsten Shoppingbereiche der Stadt sind im Kartenmaterial mit einer rötlichen Fläche markiert.

067st Abb.: gk

Weltladen einer neuen Generation – ausschließlich „globally responsible fashion" wird ins Sortiment genommen, also fair gehandelte und nachhaltig produzierte Mode.

99 [D3] **Greenality**, Friedrichstr.39, Haltestelle: Börsenplatz, U14, U29, Tel. 16917850, www.greenality.de, Mo.–Sa. 11–19 Uhr. Die Nachfrage nach „Fair Trade and Organic" wächst auch bei der Mode – und damit das Angebot. Das 2008 gegründete Öko-Fashion-Label Greenality produziert nachhaltige Kleidungsstücke für Sie und Ihn. In der Stuttgarter Boutique gibt's die eigene Kollektion und rund 40 weitere Marken. Ein zweiter Laden – für Herrenbekleidung – befindet sich ums Eck in der Fürstenstraße [D4].

100 [C4] **Kauf Dich Glücklich,** Lange Str. 6, Haltestelle: Stadtmitte/Rotebühlplatz, U2, U4, U14, U34, S1, S2, S3, S4, S5, S6, S60, Tel. 72230200, www.kaufdichgluecklich-shop.de, Mo.–Sa. 11–20 Uhr. Die Designer entwerfen selbst tragbare junge Mode, führen im Laden aber auch Trendlabels aus Skandinavien wie Minimum, Modström oder Nümph. Von der Wollmütze bis zur Pünktchensocke kann sich Frau oder Mann hier einkleiden, passende Taschen und Schuhe gibt es auch.

101 [C5] **L'Auf(brezel)steg,** Breite Str. 4, Haltestelle: Stadtmitte/Rotebühlplatz, U2, U4, U14, S1, S2, S3, S4, S5, S6, Tel. 72233268, www.blutsgeschwister.de, Mo.–Fr. 10–19, Sa. 11–19 Uhr. Farbenfrohes, Geblümtes, Witziges, Verspieltes und Schräges im Flagshipstore von Blutsgeschwister. Die ehemalige Stuttgarter, jetzt Berliner Designerin Karin Ziegler nennt ihre Kollektion Dolcevita Soulwear. Das Label expandierte fleißig in andere Städte wie Berlin und Köln und bietet inzwischen weitere Kollektionen: Blutsbaby für Kleinkinder, Wonderglasses für Brillen, außerdem Wohnaccessoires und Taschen.

102 [D5] **Mademoiselle Yéyé**, Eberhardstr. 6, Haltestelle: Rathaus, U1, U2, U4, U9, U14, Tel. 24865353, www.yeyeye.de, Mo.–Sa. 11–19 Uhr. Wickelkleid oder Sixties-Mini im Hahnentrittmuster gesucht? Wer in Sachen Outfit den Retro-Stil bevorzugt, wird bei dem Stuttgarter Designer-Duo fündig. Die

In den Königsbau-Passagen 7

selbstkreierten Stoffdesigns sollen an das Frankreich der 1960er-Jahre erinnern. Produziert wird fair und vegan in Europa.

103 [D4] **Maute-Benger,** Königstr. 44, Haltestelle: Stadtmitte/Rotebühlplatz, U2, U4, U14, U34, S1, S2, S3, S4, S5, S6, S60, Tel. 294164, www.maute-benger.de, Mo.-Sa. 10-19 Uhr. Fast 1000 m² und mehrere Etagen mit Bademode, Dessous, Bade- und Morgenmänteln – das alteingesessene Familienunternehmen hat die einstige „Wirkwaren"-Werkstatt für Mieder, Strümpfe und Leibchen im Lauf der Generationen zu einem der größten Wäschefachgeschäfte Deutschlands erweitert.

Kaufhäuser und Ladenpassagen

104 [D5] **Breuninger,** Marktstr. 1-3, Haltestelle: Rathaus, U1, U2, U4, U9, U14, Tel. 2110, www.breuninger.com, Mo.-Sa. 10-20 Uhr. Das Traditionshaus hat schon sein 140-jähriges Bestehen gefeiert. Auf 35.000 m² und sechs Etagen bietet das Warenhaus exklusive Marken in Mode-, Accessoire-, Sportswear- und Schuh-Abteilungen. Der Parfümerie- und Beauty-Bereich wurde noch vergrößert und führt knapp 200 Marken – vom Chanel-Duft bis zur Handcreme von Kiehl's und Lippenstiften von Kanebo reicht das Sortiment. Zur Shoppingpause lädt (karls) kitchen (s. S. 70) in der obersten Etage. Unten, in der Karls Passage, verführt die Confiserie mit süßem Naschwerk.

105 [C5] **Das Gerber,** Sophienstr. 21, Haltestelle: Österreichischer Platz, U1, U9, U34, Tel. 2804190, www.das-gerber.de, Mo.-Sa. 10-20 Uhr, Zeiten einzelner Läden können abweichen. Die Einkaufspassage im Gerberviertel versteht sich als „Stadtkaufhaus". Zu Beginn war die Fluktuation noch hoch, inzwischen haben sich neben Fastfood-Mietern Filialisten wie H&M und Mango, Discounter wie Aldi, aber auch regionale Einzelhändler wie Enkel Schulz mit Feinkost aus Baden-Württemberg etabliert.

7 [D3] **Königsbau-Passagen.** Mehr als 80 Läden, der größte davon ist Saturn, sind in der Passage Untermieter. Im zweiten und dritten Obergeschoss sind Bretz, COR interlübke, freistil Rolf Benz, Who's perfect und andere Läden für Einrichtung, Design und Lifestyle vertreten, im unteren vor allem Fastfood-Anbieter (weitere Mieter siehe www.koenigsbau-passagen.de). Einen Besuch wert sind zumindest Blumen-Fischer und das Café Königsbau, aber schauen Sie selbst!

MEIN TIPP

Shop 'n' Stop

Eine Verschnaufpause während oder nach dem Shopping bietet das Kaufhaus Breuninger mit seinem Restaurant **(karls) kitchen** (s. S. 70) und der Tagesbar **Eduard's** (s. S. 30). In der **Markthalle** **12** laden gleich mehrere Lokale zum Boxenstopp. **Feinkost Böhm** (s. S. 90) bietet neben dem eigenen Restaurant auch ein paar Stehtische und Plätze an der Bar sowie ein hervorragendes Sushi-Lokal, vor dem man mittags Punkt zwölf gerne Schlange steht. Beliebt ist außerdem die Holanka-Bar im **Buchhaus Wittwer-Thalia** (s. S. 87), im Sommer mit Terrassenplätzen auf dem Kleinen Schlossplatz. In den Königsbau-Passagen **7** lädt **Martha's** zur ökologisch korrekten Currywurst.

› **Martha's** €, Königsbau-Passagen, Königstr. 28, Tel. 72230555, www.marthas-stuttgart.de, täglich 9-21 Uhr. Der Imbiss setzt auf regionale Zutaten von guter Qualität, etwa Würste vom Schwäbisch-Hällischen Landschwein oder vom Boeuf de Hohenlohe.

Kulinarisches

106 [D4] **Feinkost Böhm,** Kronprinzstr. 6, Haltestelle: Schlossplatz, U5, U6, U7, U12, U15, Tel. 227560, www.feinkost-boehm.de, Mo.–Do. 10–19, Fr., Sa. 9–19 Uhr. Delikatessen in großer Auswahl auf rund 1400 m² Ladenfläche, abgepackt oder lose an Käse- und Wurst-, Fisch- und Fleischtheke. Verführerisch sind auch das Büfett mit Feinkostsalaten und die Patisserie – die Stuttgarter Feinkost-Institution kann mit internationalen Größen wie Peck in Mailand oder Hédiard und Fauchon in Paris ohne Weiteres mithalten. Im Restaurant wird man von 11.30 bis 19 Uhr durchgehend verköstigt, in der Sushi-Bar zur Mittagszeit und abends zwischen 18 und 22 Uhr.

107 [D4] **Hochland Kaffee,** Kirchstr. 10, Haltestelle: Rathaus, U1, U2, U4, U9, U14, Tel. 241902, www.hochland-kaffee.de, Mo.–Fr. 9–18, Sa. 9–16 Uhr. Schon seit 1930 wird von der Manufaktur hochwertiger Rohkaffee in zeitaufwendiger Trommelröstung verfeinert. Die beliebten Hochland-Marken der Stuttgarter Kaffeerösterei bekommt man im hübschen Laden ebenso wie eigene Schokoladenspezialitäten und schöne Geschenkkartons. Genussvoll trinken kann man den Filterkaffee in den Holanka-Bars in der Kirchstr. 6b und im Buchhaus Wittwer-Thalia (s. S. 87).

080st Abb.: gk

108 [D6] **The English Tearoom,** Weißenburgstr. 29, Haltestelle: Österreichischer Platz, U1, U9, U34, Tel. 51874006, www.the-english-tearoom.de, Di.–Sa. 11–18 Uhr. Zwei waschechte Briten, Christian und Lynn Hazlewood, haben im Heusteigviertel diesen puppenstubenbunten Teeladen eröffnet. Verkauft wird neben Tee auch Zubehör (Wedgwood-Teebecher mit Blumendekor, japanische Matchaschalen und Teekannen) und es finden höchst unterhaltsame Teeseminare und -verkostungen statt.

109 [A8] **Weinhandlung Kreis,** Böheimstr. 43, Haltestelle: Erwin-Schoettle-Platz, U1, U9, U34, Tel. 2484330, www.wein-kreis.de, Mo.–Fr. 10–18, Sa. 10–16 Uhr. Weinhändler Bernd Kreis engagiert sich für handwerklich arbeitende Winzer, die charaktervolle und individuelle Weine herstellen, und er bewirtschaftet einen Weinberg am Degerlocher Scharrenberg! Seine Weinhandlung im Stuttgarter Stadtteil Heslach befindet sich in einer ehemaligen Fabrik in der Böheimstraße.

Originelle Spezialgeschäfte

110 [ci] **Alpenweit,** Birkenwaldstr. 213a, Haltestelle: Killesberg, U5, Tel. 67430810, www.alpenweit.de, Di., Mi., Sa. 10–14, Do., Fr. 10–18 Uhr. Jutta

◁ *Hervorragende Teeauswahl im English Tearoom*

Schönberger hat es mal andersrum gemacht und nach dem reinen Online-Shop ein Ladengeschäft eröffnet. Alle Produkte aus der Alpenregion stammen aus kleinen Manufakturen – Kulinarisches genauso wie Wohnaccessoires, Pflegeprodukte und Spirituosen.

111 [D4] **Alte Tabakstube,** Schillerplatz 4, Haltestelle: Schlossplatz, U5, U6, U7, U12, U15, Tel. 292729, www.altetabakstube.de, Mo.–Fr. 10–18.30, Sa. 10–17 Uhr. Hier kann man Zigaretten, Zigarillos, Tabak und exquisite Zigarren kaufen, außerdem eine schöne Auswahl an Spirituosen, darunter eigene Abfüllungen von Cognac und Whisky, sowie Glaskaraffen.

112 [D5] **Artani,** Eberhardstr. 31, Haltestelle: Rathaus, U1, U2, U4, U9, U14, Tel. 2369151, www.artani.de, Mo. 13–18, Di.–Fr. 10–18, Sa. 10–16 Uhr. Das Stuttgarter Schmucklabel Langani zeigt hier seinen Modeschmuck. Daneben werden außergewöhnliche Goldschmiede-, Glas-, Holz- und Porzellanarbeiten präsentiert. Infos zum Werkstattverkauf bei Langani unter www.langani.de, in der Regel erster Mittwoch und erster Freitag im Monat.

113 [D6] **Boots by Boots,** Gerberstr. 5f, Haltestelle: Österreichischer Platz, U1, U9, U34, Tel. 6498955, www.bootsbyboots.de, Mo.–Fr. 10–18.30, Sa. 10–18 Uhr. Mit rund 850 Modellen gibt es hier die vielleicht größte Auswahl an Bikerboots, Cowboy- und Westernstiefeln in ganz Deutschland. Auch in Übergrößen und für Kinder!

114 [F6] **Die Apotheke,** Hohenheimer Str. 38, Haltestelle: Dobelstraße, U5, U6, U7, U12, Tel. 50479968, www.spirituosengalerie.de, Di.–Sa. 13–20 Uhr. Fast 120 Jahre lang wurden in der denkmalgeschützten Apotheke Medikamente verkauft. Jetzt steht in den eindrucksvollen historischen Holzregalen eine große Auswahl edler Spiritousen und Vintage-Champagner. Hobby-Mixologen finden hier Zubehör, außerdem kann man an Whisky-Tastings teilnehmen.

115 [E4] **Einklang,** Charlottenstr. 1, Haltestelle: Charlottenplatz, U1, U2, U4, U5, U6, U7, U12, U15, Tel. 2348771, www.einklang.de, Mo.–Fr. 10–19, Sa. 10–17 Uhr. Klassik-, Jazz- und Weltmusik-LPs und -CDs in großer Auswahl und inklusive fachkundiger Beratung.

116 [C8] **France Meubles La Maison,** Liststr. 25, Haltestelle: Marienplatz, U1, U9, U34, Tel. 51878832, www.lamaison-wohnen.de, Di.–Fr. 11–18, Sa. 10–16 Uhr. Feines aus französischen Manufakturen, darunter Düfte und Körperpflegeprodukte, aber auch schöne Bett- und Tischwäsche, Kupfertöpfe, Kristallgläser und Porzellan.

› **Merz & Benzing,** Markthalle 12, Tel. 239840, www.merz-benzing.de, Mo.–Sa. 10–18 Uhr. Unter dem Glasdach der historischen Markthalle verläuft ringsherum eine Empore. Dort bietet dieses Lifestyle-Kaufhaus Stilvolles, Dekoratives und Nützliches für Wohnung, Küche und Garten.

117 [D4] **Messer Müller,** Kirchstr. 10, Haltestelle: Rathaus, U1, U2, U4, U9, U14, Tel. 246388, www.messer-mueller.de, Mo.–Sa. 10–18 Uhr. Seit mehr als 180 Jahren führt dieses Fachgeschäft Messer aller Art, von Küchenmessern

Mein Tipp

Flohmarkt Karlsplatz

Seit 40 Jahren ist der samstägliche Flohmarkt auf dem Karlsplatz 13 eine **Stuttgarter Institution** für Schnäppchenjäger. Jung und Alt feilschen hier um Sammlerobjekte oder Trödel. Zweimal im Jahr, im Frühjahr und im Herbst, weitet sich der Flohmarkt auch auf die umliegenden Straßen aus.

› www.flohmarkt-karlsplatz.de, Sa. 8–16 Uhr

und anderen Utensilien für Hobbyköche bis zu Sommeliermessern, Scheren und Taschenmessern.

118 [E5] **Steiff Galerie,** Karlstr. 3, Haltestelle: Charlottenplatz, U1, U2, U4, U5, U6, U7, U12, U15, Tel. 25992043, www.steiff.de, Mo.–Sa. 10–20 Uhr. Der Teddybär ist ein Klassiker. Neben anderen Kuscheltieren mit dem Knopf im Ohr in großer Auswahl gibt es auch Sammlerstücke. Jedes Jahr bringt das Giengener Unternehmen zahlreiche neue Tierchen auf den Markt.

119 [D5] **Tausendschön**, Eberhardstr. 10, Haltestelle: Rathaus, U1, U2, U4, U9, U14, Tel. 294032, https://1000schoen-stuttgart.de, Mo.–Fr. 10–19, Sa. 10–18 Uhr. Spiele für Kinder und Erwachsene, Kleinkram, Party-Mitbringsel und ausgefallene Geschenke. Das alles ohne pädagogischen Zeigefinger, stattdessen mit Blick für Qualität und das Besondere ausgesucht.

013st Abb.: gk

120 [D4] **Tritschler,** Marktplatz 7, Haltestelle: Rathaus, U1, U2, U4, U9, U14, Tel. 22249320, www.tritschler.com, Mo.–Sa. 10–19 Uhr. Das Traditionshaus für Tischkultur (seit 1723 in Stuttgart) bietet auf 3000 m² und mehreren Etagen Glas, Porzellan, Besteck, Küchengeräte, Haushaltswaren und Wohn-Deko. Im obersten Geschoss residiert die „Event-Kochschule“ von Jörg Ilzhöfer.

Märkte und Markthalle

Weitere Infos zu den Stuttgarter Wochenmärkten unter www.stuttgarter-wochenmaerkte.de.

12 [D4] **Markthalle.** Auf 5000 m² locken knapp 35 Feinkostständе mit regionalen und internationalen Spezialitäten Einheimische und Besucher an.

- **Marktplatz** 14, Di., Do. 7–13, Sa. 7–13.30 Uhr. Der große Markt zählt je nach Saison bis zu 40 Stände, an denen viel Obst und Gemüse aus der Region verkauft wird.
- **Schillerplatz** 10, Di., Do. 7–13, Sa. 7–13.30 Uhr. Auf dem Schillerplatz sind etwas mehr als 20 Stände vertreten.
- **Wilhelmsplatz** [D5/6], Fr. 12–18 Uhr. Auf dem Markt im Heusteigviertel finden sich rund ein Dutzend Stände.
- **Marienplatz** [B8], Fr. 10.30–17.30 Uhr. Kleiner Biomarkt mit einer Handvoll Ständen in Stuttgart-Süd.

Auf den Wochenmärkten bieten die Händler vorwiegend regionale Produkte an

In den verwunschenen Gärten der Wilhelma lässt sich wunderbar durchatmen

082st Abb.: gk

Stuttgart zum Durchatmen

Wohlfühlorte gibt es in Stuttgart jede Menge. Dazu zählen im Sommer die vielen Parks und insbesondere die Grünanlagen auf den Anhöhen wie dem Killesberg und der Karlshöhe.

In den **Höhenpark Killesberg** 22 nimmt man einfach eine Decke und ein Buch oder Frisbeescheibe und Federballschläger mit, je nachdem, was man unter Entspannung versteht – Ruhe oder Bewegung. Ein stimmungsvoller Ort für Verliebte ist auch die **Wilhelma** 29, und zwar nicht nur zur Blütenzeit der Magnolien Ende März, Anfang April. Auf den Bänken am Seerosenteich oder auf den sonnenbeschienenen Subtropenterrassen ist man Händchen haltend sich selbst genug. Das beschauliche Plätzchen oben an der **Eugenstaffel** (s. S. 32) beim prachtvollen Galateabrunnen wird ein wenig durch Verkehrslärm beeinträchtigt, bezaubert aber durch die herrliche Aus-

MEIN TIPP

Ich will einfach nur hier sitzen

The place to be? Wer als **Langschläfer** und **Morgenmuffel** seinen Kaffee samt Zeitung in Ruhe genießen will, ist im **Café Kaiserbau** (s. S. 75) gut aufgehoben – werktags gibt es Frühstück bis 12, am Wochenende bis 17 Uhr. Ganz für sich allein kann man im **Höhenpark Killesberg** 22 sein. Weil die große Wiese im Tal der Rosen in einen Teil zum Liegen und einen zum Spielen unterteilt ist, steht auch einem Nickerchen oder dem Sonnenbad nichts im Weg. Im **Hüftengold** (s. S. 77) und im **Fleck & Schneck** (s. S. 75) kann man in Ruhe Zeitung lesen.

sicht. Stadtnah ist der Schlossgarten, aber manch einer kommt gar nur bis zum **Schlossplatz** 5 – die Rasenflächen hier werden den ganzen Sommer über für die kurze Pause mitten in der City genutzt.

An ganz heißen Tagen zieht es Faulenzer und Sonnenanbeter nicht nur auf die luftigeren Anhöhen, sondern auch zu den Liegestühlen an den **Neckarstrand.** Gegenüber der Wilhelma wird am Cannstatter Neckarufer Sand aufgeschüttet, vom Büdchen gibt es Getränke (https://stadtstrand.com). An lauen Sommerabenden ist der nächtliche Blick auf die Lichter der Stadt nicht zu toppen. Im **Biergarten Tschechen & Söhne** (s. S. 79) auf der Karlshöhe 39 kann man ihn ebenso genießen wie beim **Jugendstilpavillon Teehaus** (s. S. 79) im Weißenburgpark 37. Unten in der Stadt sitzt man beim Wein im lauschigen Hinterhof der **Weinstube Fröhlich** (s. S. 74) im Kerzenlicht oder vor dem **Weinhaus Stetter** (s. S. 74) im Bohnenviertel 18. Nicht direkt im Zentrum, dafür aber im Grünen liegt der **Buschpilot** (s. S. 78) unweit der Mineralbäder.

Zur richtigen Zeit am richtigen Ort

Zur richtigen Zeit am richtigen Ort zu sein, das ist in Stuttgart ganz einfach – der hochkarätig besetzte Kulturkalender macht jede Jahreszeit attraktiv. Und die großen Feste wie der Cannstatter Wasen und das Weindorf sind Publikumsmagneten, die Besucher von weit über Baden-Württembergs Landesgrenzen hinaus anziehen.

Frühling

- **Fasching:** Je nach Kalenderjahr wird etwa Mitte Februar in Bad Cannstatt 43 und den Neckarvororten die alemannische „Fasnettradition" hochgehalten. Höhepunkte der närrischen Tradition sind der „Schmotzige Donnerschdag" mit dem Kübelesrennen in Cannstatt, das in Holzzubern mit angeschraubten Rollen ausgetragen wird, und der große Umzug am Faschingsdienstag in der Innenstadt (www.faschinginstuttgart.de).
- **Kinder- und Jugendbuchwochen:** Im Februar geht es in der Stadtbibliothek 25 um junge Leser (www.kinder-jugendbuchwochen.de).
- **Blickfang:** Im März zeigt die internationale Designmesse für Möbel, Mode und Schmuck in der Liederhalle (s. S. 85) das kreative Potenzial junger Gestalter und innovativer neuer Label. Ein weiterer Schwerpunkt ist Eco-Design (www.blickfang.com).
- **Kulinart:** Im März macht die Messe für Genuss und Stil im Römerkastell in Bad Cannstatt 43 Appetit auf mehr (www.kulinart-messe.de).
- **Stuttgarter Kriminächte:** Die Lesereihe im März hat sich als Treffpunkt von Krimifreunden etabliert (www.stuttgarter-kriminaechte.de).
- **Lange Nacht der Museen:** Ende März öffnen ca. 100 Museen, Ausstellungsorte und Kulturinstitutionen nachts ihre Tore (19–2 Uhr). Shuttlebusse fahren Kunstinteressierte und Nachtschwärmer zu Kultur und Partys (www.lange-nacht.de).
- **Internationale Theaterhaus Jazztage**: An den Ostertagen gastieren regionale und internationale Jazzmusiker im Theaterhaus (s. S. 84), vom Nachwuchs bis zu weltweit bekannten Künstlern.
- **Slow Food Markt des guten Geschmacks:** Die Messe Mitte April

Cannstatter Wasen

Das **zweitgrößte Volksfest der Welt,** zu dem alljährlich über 300 Schausteller mit Fahrgeschäften aller Art anreisen, lockt jedes Jahr im Herbst **rund vier Millionen Besucher** nach Bad Cannstatt 43. Schon zum Fassanstich füllen sich die Bierzelte, auf den Bühnen sorgen schwäbische Bands mit „Wasen-Hits" für Stimmung und es wird auch nicht lange gezögert, auf Tische und Bänke zu steigen und ausgelassen zu feiern. Vor einiger Zeit noch in ganz normaler Kleidung, aber inzwischen **in Tracht und Lederhose!** Die Stuttgarter Modeläden haben sich darauf eingestellt und dekorieren in der Vor-Wasenzeit ihre Schaufenster mit feschen Dirndln.

In den **zehn Bier- und Weinzelten** – die großen regionalen Brauereien wie Dinkelacker, Schwaben Bräu und Stuttgarter Hofbräu sind alle vertreten – gibt es „Göckele" (Hähnchen), Rostbraten und Schweinshaxe als Grundlage für handfesten Getränkekonsum.

Die **Fruchtsäule,** mit vielen Früchten, Getreide und Gemüse geschmückt, ist das Wahrzeichen des Cannstatter Volksfests und erinnert noch heute an den Ursprung als **landwirtschaftliches Fest,** das 1818 der württembergische König Wilhelm I. erstmals eröffnete. Heute feiern beim „Schwabenfest" nicht nur Rheinländer und Gäste aus dem Ausland mit, sondern mittlerweile auch Münchner!

Das **Frühlingsfest** im ersten Halbjahr, ebenfalls auf dem großen Gelände des Cannstatter Wasens, ist die kleinere Ausgabe des Volksfests.

richtet sich an regionale Produzenten und qualitätsbewusste Verbraucher von handwerklich produzierten Lebensmitteln (www.messe-stuttgart.de/marktdesgutengeschmacks).

- **Fair handeln** : Die Messe, die Mitte April stattfindet, bringt Produzenten und Verbraucher zum Thema Nachhaltigkeit in Wirtschaft, Tourismus und Konsum zusammen (www.messe-stuttgart.de/fairhandeln).
- **Porsche Tennis Grand Prix:** Ende April tragen Topspielerinnen des Damentennis Matches in der Porsche-Arena (s. S. 85) aus und kämpfen dabei um Preisgelder und einen nagelneuen Porsche (www.porsche-tennis.de).
- **Frühlingsfest:** Ende April bis Mitte Mai findet auf dem Cannstatter Wasen sozusagen die kleinere Ausgabe des Wasen statt (www.stuttgarter-fruehlingsfest.de).
- **Museumsmesse für Angewandte Kunst:** Anfang Mai zeigen Kunsthandwerker im Alten Schloss (Landesmuseum Württemberg 9) außergewöhnliche Einzelstücke in höchster handwerklicher Qualität (www.landesmuseum-stuttgart.de).
- **Frühjahrsflohmarkt:** Mitte Mai. Neben dem wöchentlichen Samstagsflohmarkt auf dem Karlsplatz (s. S. 91) finden zweimal jährlich große Trödelmärkte statt, die sich über die gesamte

Mein Tipp

Veranstaltungstermine

In den beiden **Tageszeitungen** Stuttgarter Zeitung und Stuttgarter Nachrichten kann man sich tagesaktuell informieren. Das **Stuttgarter Stadtmarketing** weist ebenfalls auf Topevents hin und ermöglicht online auch die gezielte Recherche nach Zeitraum oder Art der Veranstaltung.

- www.stuttgarter-zeitung.de
- www.stuttgarter-nachrichten.de
- www.stuttgart-tourist.de

Innenstadt erstrecken (www.flohmarkt-karlsplatz.de).

- **Stuttgart Barock:** Alle zwei Jahre im Mai widmen sich beim Musikfestival Ensembles von Weltruf der alten Musik. „Stuttgart Barock" findet immer im Wechsel mit dem Festival „Intermezzo" statt (https://musikpodium.de).

Sommer

- **BossOpen:** Mitte Juni ist der TC Weissenhof Gastgeber für das große ATP-Turnier. Tennisspieler mit Weltklasseniveau kämpfen auf den Sandplätzen um Weltranglistenpunkte, Trophäen und Preisgelder (https://bossopen.com).
- **Jazz Open Stuttgart:** Mitte Juli wird in Jazzclubs, der Musikhochschule, auf dem Schlossplatz und an anderen Orten ordentlich „gejazzt" (www.jazzopen.com).
- **Sommerfestival der Kulturen:** Mitte Juli wird der Marktplatz 14 beim mehrtägigen Festival zur Open-Air-Bühne. Das Programm entsteht unter Beteiligung von etwa 60 Kultur- und Migrantenvereinen aus rund 30 Ländern (www.sommerfestival-der-kulturen.de).
- **Weindorf:** Ende August, Anfang September zieht das traditionelle Weindorf „Viertelesschlotzer" aus Nah und Fern in die Innenstadt (www.stuttgarter-weindorf.de).
- **Musikfest Stuttgart:** Von Ende August bis Mitte September stehen zwei Wochen ganz im Zeichen der Musik. Das Klassikfestival versteht sich zugleich als Themenreihe: 2022 stand „Das Paradies" im Fokus, im Jahr 2023 lautet das Motto „Die ganze Natur".

Herbst und Winter

- **Herbstflohmarkt:** Mitte September. Der zweite der beiden großen jährlichen Trödelmärkte, die sich über die gesamte Innenstadt erstrecken (www.flohmarkt-karlsplatz.de).
- **Cannstatter Wasen:** Zwei Wochen lang geht es ab Ende September auf dem Volksfest mit Bierzelten, Livemusik und dem Schaustellermarkt mit unzähligen Fahrgeschäften von mittags bis Mitternacht rund. Mit großem Umzug am ersten Volksfestsonntag und Musikfeuerwerk am letzten Sonntag (www.cannstatter-volksfest.de).
- **Französische Filmtage:** Anfang November findet in Tübingen und Stuttgart das größte frankophone Filmfestival Deutschlands statt (www.filmtage-tuebingen.de).
- **Familie & Heim:** Die große Herbstschau der Stuttgarter Messe im November bietet alles für Hobbyköche, Heimwerker und Dekokünstler, zeigt neue Fitness- und Haushaltsgeräte und bietet Dienstleistern und Beratern rund ums Bauen, Wohnen und Geldanlagen ein Forum (www.messe-stuttgart.de).
- **Stuttgart German Masters:** Im November findet in der Hanns-Martin-Schleyer-Halle (s. S. 85) das internationale Reitturnier statt. Der Einladungswettbewerb wird in den Pferdesport-Disziplinen Dressur, Springen, Fahren, Voltigieren und Vielseitigkeit ausgetragen (www.stuttgart-german-masters.de)
- **Stuttgarter Buchwochen:** Ende November, Anfang Dezember dreht sich drei Wochen lang in Stuttgart alles um Bücher: Verlage präsentieren sich im Haus der Wirtschaft, Autoren lesen aus ihren Büchern, ein Gastland stellt sich vor und Filme, Podiumsdiskussionen, Schülermatineen und Vorträge flankieren das Programm (www.buchwochen.de).
- **Weihnachtsmärkte:** Knapp 300 festlich geschmückte Verkaufsbuden und Glühweinstände ziehen sich durch die ganze Innenstadt. Besonders stimmungsvoll wirkt der Schillerplatz 10 mit seinen historischen Gebäuden. Die fantasievollste Dachdekoration wird jedes Jahr preisgekrönt (www.stuttgarter-weihnachtsmarkt.de).

STUTTGART VERSTEHEN

003st Abb.: sm

Stuttgart – ein Porträt

Im Krieg stark zerstört, wurde in der Wiederaufbauphase ab 1945 eine nüchterne und zweckmäßige Innenstadt geschaffen, der es aber an Wohnqualität mangelte. Immer häufiger wurde der Verlust des historisch gewachsenen Stadtbilds beklagt. Seither erfahren die verbliebenen Straßenzüge wie im Bohnen- und Leonhardsviertel oder in der Calwer Straße und erhaltene Stadtteile wie das Heusteig- oder Lehenviertel neue Wertschätzung. Auch neue Verkehrskonzepte sollen das Stadtzentrum als Arbeits- und Wohngebiet wieder attraktiver machen.

Kessellage

Das auffälligste Merkmal der Landeshauptstadt Baden-Württembergs ist ihre **Topografie**, die durch ein **ständiges Auf und Ab** charakterisiert ist. Das Zentrum liegt im sogenannten **Stuttgarter Kessel** – Nesenbach, Vogelsangbach und andere dem Neckar zufließende Wasserläufe schufen diese Senke zwischen „Wald und Reben". Rundherum ziehen sich bewaldete Hügel und Weinberge mit Wohnvierteln in gediegener und teurer „Halbhöhenlage". Das Stadtgebiet erstreckt sich über eine **Höhendifferenz von fast 350 Metern**, das macht die Viertel sehr abwechslungsreich. Zu den markanten Erhebungen der Hügelkette rund um das Stadtzentrum gehören der Birkenkopf (511 m), der Frauenkopf (462 m), der Württemberg (411 m) und der Grüne Heiner (395 m).

Der **Neckar** trennt Stuttgart vom ehemals unabhängigen **Bad Cannstatt.** Das im Jahr 1905 eingemeindete Örtchen hat bis heute sein Selbstbewusstsein bewahrt. Rechts des Neckars ziehen sich auch das Volksfestgelände des Cannstatter Wasen und die großen Sportanlagen des NeckarParks entlang, mit der zum Fußballstadion umgebauten Mercedes-Benz-Arena, dem Mercedes-Benz-Museum 44 und dem anschließenden Werksgelände in Untertürkheim. Die angrenzenden **Weinberge** und Weindörfer Obertürkheim, **Rotenberg** und **Uhlbach** sind für Stuttgarter beliebte Ausflugsziele.

Die Stadt ist in **23 Bezirke** aufgeteilt, fünf innere und 18 äußere. Der eigentliche Innenstadtbereich wird (auch oft bei Adressangaben) mit Stuttgart-Mitte, Stuttgart-Nord, -Ost, -West und -Süd noch differenziert, bei den Höhenlagen wie Killesberg und den eingemeindeten Orten wie Bad Cannstatt oder Vaihingen wird dies in der Regel zur Orientierung noch zusätzlich angegeben.

Aufgrund der Kessellage sind **steile Straßen** in Stuttgart keine Seltenheit und manche davon endet als Sackgasse vor einer Treppe oder Mauer. Neben den rund **400 Stäffele**, den **historischen Treppenanlagen** an den Hängen, gibt es eine **Seil- und eine Zahnradbahn** sowie zahllose **Tunnel**, durch die der unkundige Besucher sich schneller in die Stuttgarter Vororte verirrt als ihm womöglich lieb ist. Der schon in den 1940er-Jahren angelegte Wagenburgtunnel diente ursprünglich als Luftschutzkeller und war bei der Eröffnung 1958 mit 824 Metern der längste Straßentun-

◁ *Vorseite: Blick von der Stiftskirche* 11

KURZ & KNAPP

Stuttgart in Zahlen

- **Gegründet:** Vermutlich wurde Stuttgart Mitte des 10. Jahrhunderts als Gestüt (Stutengarten) im Nesenbachtal gegründet. Neuere archäologische Funde belegen aber noch ältere alemannische Siedlungsspuren. 1219 erhielt Stuttgart die Stadtrechte.
- **Einwohner:** Mit 610.000 Einwohnern (Stand 2022) ist Stuttgart die sechstgrößte Stadt Deutschlands. Im Großraum leben 2,7 Mio. Einwohner.
- **Bevölkerungsdichte:** 2941 Einwohner pro km²
- **Fläche:** 207,35 km². Rund die Hälfte davon gilt als Siedlungs- und Verkehrsfläche, 24 % sind Waldgebiete und 23,1 % landwirtschaftlich genutzte Flächen.
- **Höhe:** 245 m ü. NN. Das Stuttgarter Stadtbild wird durch viele Anhöhen und Täler geprägt, die Höhendifferenz zwischen tiefstem (207 m ü. NN am Neckar) und höchstem Punkt (549 m ü. NN nahe dem Autobahnkreuz Stuttgart) beträgt rund 350 Meter.
- **Stadtbezirke:** 23 Stadtbezirke, davon fünf innere und 18 äußere, mit 152 Stadtteilen. Die fünf inneren Stadtbezirke sind Stuttgart-Mitte, Stuttgart-Nord, Stuttgart-Ost, Stuttgart-Süd und Stuttgart-West.
- **Politik:** Als Landeshauptstadt und politisches Zentrum Baden-Württembergs ist Stuttgart Sitz der Landesregierung, des Landtags und der Landesbehörden. Im für fünf Jahre gewählten Landtag sitzen 154 Abgeordnete (darunter nur 46 Frauen), gegenwärtig 42 CDU-Politiker, 58 Grüne, 17 AfD-, 19 SPD- und 18 FDP-Vertreter
- **Religion:** 23 % der Einwohner sind katholisch, etwa 23 % evangelisch, 10 % muslimisch (Stand 2020). Der verbleibende Anteil ist konfessionslos oder gehört anderen der insgesamt mehr als 250 Glaubensgemeinschaften in der Stadt an.
- **Mineralquellen:** Nach Budapest verfügt Stuttgart über das größte Mineralwasservorkommen Europas. Bis zu 44 Millionen Liter an Mineral- und Thermalwasser entspringen täglich aus dem Bad Cannstatter und Berger Untergrund, etwa die Hälfte davon tritt ungenutzt in den Neckar und die Neckartalaue über, die andere Hälfte wird durch Brunnen erschlossen oder in den drei Mineralbädern genutzt.

nel Deutschlands. Die ältesten Eisenbahntunnel wurden schon Mitte des 19. Jahrhunderts angelegt. Im Rahmen des Ausbaus von „Stuttgart 21" soll der geplante, knapp 10 Kilometer lange Fildertunnel Hauptbahnhof und Flughafen verbinden.

Urbane Architektur

Architektur und Stadtplanung führten in der Geschichte Stuttgarts häufig zu Auseinandersetzungen zwischen Traditionalisten und Verfechtern der Moderne. In den 1920er-Jahren hatte die **Weißenhofsiedlung** 23 mit ihrer radikalen, kubistischen Umsetzung des rationellen „Neuen Bauens" schon konservative Kritiker, bevor die Nationalsozialisten an die Macht kamen. Als traditionalistisches Gegenmodell entstand 1933 in unmittelbarer Nähe jenseits des alten Messegeländes die **Kochenhofsiedlung.** Mehrere Architekten aus dem Stuttgarter Raum errichteten hier unter Leitung von Paul Schmitthenner eine Siedlung aus Eigenheimen in Holzbauweise. Pflicht war dabei eine Ausführung mit Satteldach – für die Nationalsozialisten bildete der Verzicht auf „undeutsche" Flachdächer den Kern ihrer Ablehnung moderner Bauformen (www.kochenhof.de).

Im **Zweiten Weltkrieg** wurde Stuttgart durch Luftangriffe weitgehend zerstört. In der **Nachkriegszeit** wiederholte sich beim Wiederaufbau die ideologiegeladene Auseinandersetzung um Traditionalismus und Fortschritt – manches fiel erst jetzt der Spitzhacke zum Opfer. Mit dem nüchternen **Rathaus** beispielsweise, das 1955 das nur teilweise zerstörte neugotische Rathaus ersetzte, haben sich viele Stuttgarter immer noch nicht angefreundet. Nicht die originalgetreue Rekonstruktion der in Trümmern liegenden alten Residenz war das Ziel, sondern der Aufbruch in eine neue Zeit. Bis Mitte der 1950er-Jahre etwa wurde eine lebhafte Diskussion über das weitere Schicksal des abgebrannten **Neuen Schlosses** geführt. Die Pläne reichten vom völligen Abriss zugunsten eines Hotels oder des Sitzes der Bundesregierung bis zum Wiederaufbau und einer Nutzung als Museum. Erst 1957, nach heftigem Protest von Bürgern und Denkmalschützern, fiel im Landtag die Entscheidung, das historische Gebäude zu rekonstruieren. Eine der größten Bausünden ist sicher der Abriss des **Kaufhauses Schocken** Anfang der 1960er-Jahre. Das von Erich Mendelsohn entworfene Gebäude, eigentlich ein Architekturdenkmal ersten Ranges, musste einem Funktionsbau weichen, der längst auch schon wieder abgerissen wurde.

Neben den ohnehin international beachteten Solitären wie dem Fernsehturm 42 und der Liederhalle (s. S. 85) sind noch einige weitere Beispiele der **Architektur der 1950er-Jahre** wiederzuentdecken und nicht alles, was in dieser Ära entstand, war nur monoton, funktional und der Not der Nachkriegszeit geschuldet. Das Ensemble der Häuser rund um den **Marktplatz** 14 etwa, das noch der historischen Platzstruktur folgt, entwickelt mit seinen farbigen Fassaden einen ganz eigenen Reiz.

Vor allem das Ideal einer **„autogerechten" Stadt** prägte in der Aufbauzeit viele Entscheidungen. 1955 musste etwa das historische Friedrichsbau-Varieté dem sechsspurigen Ausbau der Theodor-Heuss-Straße weichen. Auch die Konrad-Adenauer-Straße zerschneidet die Innenstadt in Längsrichtung und 1963 wurde das 1944 ausgebrannte Kronprinzenpalais abgerissen, um den Verkehr unterirdisch durch die Planietunnelröhren zu führen. Diese erhielten einen oberirdischen Betondeckel, den **Kleinen Schlossplatz**, mitsamt einem von Architekten entwickelten Bebauungskonzept. Das 1968 fertiggestellte Beton-Ensemble wurde erst gefeiert, dann als städtebaulicher Schandfleck kritisiert. Mit dem Bau des 2005 eröffneten **Kunstmuseums** 8 mitsamt neuer Treppenanlage erfuhr dieser zentrale Stuttgarter Ort eine weitere Neugestaltung, die nach anfänglichen Kontroversen heute einhellig begrüßt wird.

Wie wenig bieder die Stadt sich im 21. Jahrhundert zeigt, beweisen insbesondere die Neubauten der letzten Jahre. Vor allem einige der **Museen** haben Architekturgeschichte geschrieben: die **Staatsgalerie** 20 gilt als bedeutendes Werk der Postmoderne, das **Mercedes-Benz-Museum** 44 als bauliche Meisterleistung der „Digitalmoderne". Nicht minder spektakulär wirkt das **Porsche-Museum** 46. 2011 eröffnete die **Stadtbibliothek am Mailänder Platz** 25. Der koreanische Architekt Eun Young Yi entwarf einen Kubus mit symmetrisch gegliederten Fassaden aus Glasbausteinen, die nach Einbruch der Dunkelheit blau illuminiert werden.

Irgendwo steht immer ein Kran: Stuttgart ist eine Stadt voller **Baustellen,** was für Einwohner wie Besucher gleichermaßen lästig ist, aber auch von dem Anspruch zeugt, sich zu bewegen, nicht stehen zu bleiben. Allerdings entsteht auch viel gesichtslose Stahl- und Glasarchitektur auf den Neubauflächen. Größtes Projekt für die nächsten Jahre bleibt **Stuttgart 21** (s. S. 108), der Umbau des Hauptbahnhofs zum unterirdischen Bahnknotenpunkt. Die oberirdischen Gleisanlagen werden abgetragen und mit neuen Stadtquartieren bebaut. Allerdings stünde eigentlich eine Umbenennung an: Die Inbetriebnahme des neuen Tiefbahnhofs im Jahr 2021 blieb eine unerfüllte Prognose.

Während bislang der Bahnhof das Ende der Innenstadt markiert, soll diese jetzt noch wachsen: Auf dem Areal am Mailänder Platz entstand rund um die neue Stadtbibliothek das **Europaviertel** mit riesigen Bürokomplexen. 2015 zogen außerdem ins Shoppingcenter Milaneo rund 200 Geschäfte ein. Und nahe dem Pragfriedhof sollen auf einer Fläche von 60 Hektar Neubauten und eine neue S-Bahn-Haltestelle das **Rosensteinviertel** besser in die Stadt integrieren. Die Frage, an der sich auch der Protest entzündete, nämlich ob diese Geschäfts- und Büroquartiere die Stadt auch für ihre Bürger, und nicht nur für Investoren attraktiver machen, ist nach wie vor unbeantwortet.

Von den Anfängen bis zur Gegenwart

Im 13. Jahrhundert erhielt die Siedlung das Stadtrecht, im 14. Jahrhundert wurde sie Sitz der Grafen von Württemberg und zu Beginn des 19. Jahrhunderts Königsstadt. Mit der Industrialisierung ab Mitte des 19. Jahrhunderts setzte sich der Aufschwung der Haupt- und Residenzstadt noch fort. Trotz Wirtschaftskrisen, politischer Umbrüche und Kriege im 20. Jahrhundert, unter denen die Stadt zu leiden hatte, sorgten die weltweit erfolgreichen Unternehmen wie Daimler, Porsche und Bosch für wirtschaftlichen Erfolg und ein solides finanzielles Fundament in der Region. Seit 1952 ist Stuttgart als Landeshauptstadt Baden-Württembergs auch wieder politisches Zentrum Südwestdeutschlands.

1. Jahrhundert n. Chr.: Das Römerkastell am Neckarlimes bezeugt die Existenz eines Militärlagers beim heutigen Bad Cannstatt. Hier kreuzten sich mehrere Römerstraßen.

Frühzeit: Neuere archäologische Grabungen deuten auf eine Besiedlung ab dem 7. Jahrhundert hin. Herzog Luitolf von Schwaben siedelt – wohl im 10. Jahrhundert – ein Gestüt (Stuotgarten) nahe dem Nesenbach an. Zu dessen Schutz dient eine Wasserburg, das spätere Alte Schloss. Bis heute sind Pferde das Wahrzeichen der Stadt: Schon das erste Wappen von 1286 zeigt zwei Pferde und schwarz auf goldenem Grund ziert das Stuttgarter „Rössle“ das heutige Stadtwappen.

Mittelalter: Im Jahr 1160 ist die erste schriftliche Erwähnung Stuttgarts dokumentiert. 1219 erhält die Siedlung die Stadtrechte. Seit dem Jahr 1316 ist die mittelalterliche Kaufmannsstadt auch

Residenz der Grafen von Württemberg. Das Alte Schloss wird erweitert, eine Stadtmauer gebaut. Mitte des 15. Jahrhunderts wird die Stadt mit einem zweiten Befestigungsring umgeben. Der Münsinger Vertrag erklärt Stuttgart 1482 zur Haupt- und Residenzstadt Württembergs, ein Jahr später verlegt Graf Eberhard im Bart seinen Hof von Urach nach Stuttgart. 1495 wird Württemberg zum Herzogtum erhoben.

Frühe Neuzeit: 1534 führt Herzog Ulrich die Reformation ein. Im 16. und 17. Jahrhundert prägen die Umwälzungen der Reformation und kriegerische Konflikte wie der Bauernkrieg und der Dreißigjährige Krieg auch den Südwesten des Heiligen Römischen Reiches.

18. Jahrhundert: Als Kaserne für die Leibgarde des Herzogs wird 1705 das Alte Waisenhaus erbaut, aber schon bald verlegt Herzog Eberhard Ludwig die Residenz nach Ludwigsburg. Mitte des 18. Jahrhunderts wird der Grundstein für das Neue Schloss gelegt, die Bedingung für die Rückkehr von Herzog Carl Eugen, der ebenfalls in Ludwigsburg residiert, nach Stuttgart. Doch die Arbeiten an der weitläufigen Anlage mit 365 Zimmern ziehen sich über sechs Jahrzehnte hin, 1764 verlegt der Herzog die Residenz abermals nach Ludwigsburg.

Im Westen der Stadt lässt Carl Eugen als Sommersitz auf einem bewaldeten Hügel Schloss Solitude erbauen. Weil die absolutistische Hofhaltung die etwa 15.000 Stuttgarter Einwohner mit Abgaben und Frondiensten über Gebühr belastet, verweigern sich die Stuttgarter Ämter einer neuerlichen Steuererhöhung.

025st Abb.: gk

Herzog Christoph von Württemberg wacht über Schlossplatz 5 *und Königstraße*

Erste Hälfte des 19. Jahrhunderts: Zu Beginn des neuen Jahrhunderts hat die Stadt 21.000 Einwohner. Im Jahr 1806 wird Stuttgart Hauptstadt des Königreichs Württemberg – vier Könige regieren 112 Jahre lang in Stadt und Land. Der Königshof nimmt auch als Bauherr Einfluss auf die Entwicklung der Residenzstadt: Während die Planungen für das spätbarocke Neue Schloss schon weit zurückliegen, wird es nach rund 60 Jahren Bauzeit erst jetzt vollendet. Die mittelalterliche Stadtbefestigung wird abgetragen, der Stadtgraben zur Prachtstraße (Königstraße) umgestaltet.

Um das Wachstum der Stadt zu fördern, werden Bauvorschriften erlassen und Bebauungspläne aufgestellt. Um die Brandgefahr einzudämmen, muss aus Stein gebaut werden.

Im weitläufigen Rosensteinpark entsteht in den 1820er-Jahren als Sommersitz das klassizistische Schloss Rosenstein. Als dort Mineralquellen entdeckt werden, soll als weiterer Bau ein Badehaus errichtet werden. Mit Verzögerung entstehen ab 1844 dann die maurischen

Bauten der Wilhelma, eine „schwäbische Alhambra am Neckar". Nur ausgesuchte Gäste erhalten eine Einladung, auf seinem Landsitz im märchenhaft-orientalischen Baustil will der König meist ungestört bleiben. Kronprinz Karl und seine Gemahlin, die russische Zarentochter Olga, erhalten mit der Villa Berg ebenfalls einen Sommersitz. Hier orientiert sich der Architekt an italienischen Renaissancevillen.

Zweite Hälfte des 19. Jahrhunderts: Der Anschluss an die Eisenbahn ist für die Industrialisierung von großer Bedeutung. Der erste Bahnhof in der Bolzstraße wird 1846 in Betrieb genommen. Ab 1868 verkehrt in Stuttgart eine Pferdebahn, ab 1884 fahren Straßenbahnen und die Zahnradbahn. Die ersten Tunnel werden gebaut, etwa 1896 der Schwabtunnel als Verbindung nach Heslach.

1870/71 schließen sich das Großherzogtum Baden und das Königreich Württemberg dem Deutschen Kaiserreich an. Die Stadt wächst enorm, 1846 hat Stuttgart erst 50.000 Einwohner, 1874 sind es rund 100.000 und im Jahr 1900 bereits über 175.000 Einwohner.

Der pompöse Marquardtbau von 1896 an der Königstraße beherbergt eines der vornehmsten Hotels der Stadt. Industriebetriebe verlassen aus Platzgründen oder wegen der Verkehrsanbindung den Talkessel und siedeln sich östlich am Neckar oder im Norden der Stadt an. Das städtische Bürgertum baut sich prächtige Villen in die Hanglagen – beste Weinberglagen werden zu vornehmen Wohnvierteln. Dabei entstehen auch die heute für Stuttgart so typischen Stäffele (Treppen).

Aber auch der Stadtkern wächst, ganze Straßenzüge mit mehrgeschossigen Gründerzeitbauten schaffen Wohnraum für die wachsende Bevölkerung. An der heutigen Heilbronner Straße wird 1868 bis 1872 das „Postdörfle" gebaut, die erste Arbeitersiedlung der Stadt für Beschäftigte der Post und der Bahn (im 2008 dort eröffneten Hotel Arcotel Camino, s. S. 126, wurden erhaltene Teile integriert).

Erste Hälfte des 20. Jahrhunderts: Mit Förderung König Wilhelms II. entstehen um 1910 repräsentative Bauten wie das Opernhaus und das (nicht mehr erhaltene) Schauspielhaus im Oberen Schlossgarten. Zugleich entwickelt eine Architektengruppe um Theodor Fischer und seine Schüler Paul Bonatz, Martin Elsässer und Paul Schmitthenner eine „Stuttgarter Schule", deren Bauten wie Kunstgebäude, Hauptbahnhof, Gustav-Siegele-Haus, Markthalle und Königin-Olga-Bau noch heute prägende Akzente im Stadtbild setzen.

1918 dankt auch der württembergische König ab. Nach dem verlorenen Ersten Weltkrieg wird Stuttgart Landeshauptstadt von Württemberg.

Zur Zeit der Neuen Sachlichkeit und bei den ersten Versuchen funktionalen und rationellen Bauens zeigt sich Stuttgart experimentierfreudig: Die Weißenhofsiedlung entsteht 1927 als Mustersiedlung für Neues Bauen. Ein Jahr später wird der Tagblatt-Turm, das erste Stahlbeton-Hochhaus Deutschlands, als architektonische Sensation gefeiert, ihm gegenüber entsteht das Kaufhaus Schocken (das trotz weltweiter Proteste 1961 abgerissen wird).

Weltwirtschaftskrise und die Machtübernahme der Nationalsozialisten prägen auch Südwestdeutschland. Nach 1933 soll Stuttgart zur Gauhauptstadt und „Stadt der Auslandsdeutschen" ausgebaut werden. Die geplanten monumentalen Bauwerke und Straßenfluchten verhindert der Ausbruch des Zweiten Weltkriegs im Jahr 1939.

Stuttgart wird durch Bombenangriffe weitgehend zerstört – mehr als 60 Prozent der Stadt liegen in Schutt und

Asche. Die Konzentration bedeutender Industriebetriebe in der Region hat die Stadt zur Zielscheibe gemacht. Beim Wiederaufbau wird funktionale Nachkriegsarchitektur hochgezogen, an eine Rekonstruktion des Alten im großen Stil ist nicht zu denken. Erster Oberbürgermeister nach Kriegsende wird 1945 Dr. Arnulf Klett.

Zweite Hälfte des 20. Jahrhunderts: Nur einige für das Stadtbild wichtige historische Bauten der Innenstadt, etwa Stiftskirche und Neues Schloss, und als einziger geschlossener Stadtraum der Schillerplatz werden rekonstruiert. Ansonsten erhält Stuttgart in den 1960er-Jahren städtebaulich ein neues Gesicht. Viele sachlich-funktionale Neubauten wollen sich bewusst von der Vergangenheit lösen. Zu den Abrisssünden gehören das Kaufhaus Schocken und das Kronprinzenpalais.

061st Abb.: gk

Aufgrund des Wohnraummangels entstehen am Rand der Stadt neue Siedlungen in mehrgeschossiger Bauweise und einfachster Ausstattung. Der Stadtkern soll Handel, Dienstleistungsgewerbe und Verwaltung vorbehalten bleiben.

Eine alte Idee wird politische Tatsache: 1952 wird das Land Baden-Württemberg gegründet, Stuttgart wird Landeshauptstadt. Die Vorhaben der Badener, als eigenständiges Bundesland den Verbund zu verlassen, scheitert im Jahr 1970 an der mangelnden Mehrheit bei einer Volksabstimmung.

1967 werden die Universitäten Hohenheim und Stuttgart gegründet. 1983 wird die Königstraße zur Fußgängerzone umgestaltet. Anlässlich der Gartenschauen 1977 und 1993 werden die Stuttgarter Parkanlagen nach und nach zum „Grünen U" zusammengeführt. Doch trotz der besonderen Lage im Talkessel bleibt man dem Ideal einer autogerechten Stadt verpflichtet, sodass die Innenstadt durch Lärm, Abgase und Verkehr zunehmend an Wohnqualität verliert. Betonbauten für Banken und Versicherungen entstehen und die Straßenschneisen der B14 und B27 zerschneiden die City. Viele Bewohner ziehen vor die Tore der Stadt.

Mehr als 20 Jahre, von 1974 bis 1996, steht Manfred Rommel als Oberbürgermeister an der Spitze der Stadtverwaltung. Dem beliebten CDU-Politiker folgt sein Parteikollege Wolfgang Schuster, der bis 2012 amtiert.

Das 21. Jahrhundert: Nicht zuletzt der Konflikt um „Stuttgart 21" hat die politischen Verhältnisse in Baden-Württemberg grundlegend verändert. Seit den Kommunalwahlen im Juni 2009 sind die Grünen erstmals stärkste Fraktion im Gemeinderat der Landeshauptstadt.

Auch bei der Landtagswahl 2011 sind die Grünen klare Wahlsieger und erzielen mit 24,2 Prozent der Stimmen einen erheblichen Zuwachs. Gemeinsam mit der SPD lösen sie die gelb-schwarze Regierung ab, der bisherige Fraktionsvorsitzende Winfried Kretschmann wird Ministerpräsident und tritt die Nachfolge von Stefan Mappus (CDU) an, dessen Partei nach fast 60 Jahren an der Macht in die Opposition wechseln muss.

2013: Auch ins Rathaus zieht ein Grüner ein: Fritz Kuhn wird Oberbürgermeister von Stuttgart (und übernimmt damit ein seit 1974 von CDU-Politikern ausgeübtes Amt).

2016: Winfried Kretschmann wird in seinem Amt als Ministerpräsident bestätigt, doch aufgrund erheblicher Verluste aufseiten der SPD ist keine Weiterführung der bisherigen Koalition möglich, die Grünen koalieren mit der CDU.

2018: Das StadtPalais – Museum für Stuttgart im Wilhelmspalais (s. S. 66) wird eröffnet.

2021: In diesem Jahr ist Landtagswahl in Baden-Württemberg. Die Fertigstellung von „Stuttgart 21" dagegen wird mindestens noch bis 2025 auf sich warten lassen.

2022: Der Gemeinderat beschließt, dass Stuttgart schon bis 2035 statt erst 2050 klimaneutral werden soll. Zudem wurde ein Masterplan für den „Erlebnisraum Neckar" entwickelt – das „Grüne U" soll um ein „Blaues Band" ergänzt werden.

◁ Auf dem Gelände des alten Nordbahnhofs [ci] wurde eine Gedenkstätte für die mehr als 2000 deportierten Juden sowie Sinti und Roma eingerichtet, von denen nur 20 die Vernichtungslager überlebten

▷ Völlig falsch: Schwaben wollen keineswegs immer nur „schaffen"

Leben in der Stadt

Seit der Gründung des Bundeslands Baden-Württemberg im Jahr 1952 ist Stuttgart als Landeshauptstadt das politische, wirtschaftliche und kulturelle Zentrum Südwestdeutschlands. Hier tagen die Landtagsabgeordneten, hier verwalten und lenken die Ministerien.

Als geschäftige **Wirtschaftsmetropole** reicht ihr Einzugsgebiet weit über den Neckarraum hinaus. Im Südwesten Deutschlands ist man stolz auf industrielle Leistungen, Tüftlerehrgeiz und protestantisches Arbeitsethos und Stuttgart hat eine ordentliche Portion davon mitbekommen – die Region gehört zu den wirtschaftsstärksten in Europa. **Banken, Versicherungen, Weltkonzerne** wie Daimler, Bosch und Co. haben

026st Abb.: gk

Mir kennad au Hochdeitsch, mir wellad blos net

Dass **Schwäbisch** ein in Teilen Baden-Württembergs und Bayerns gesprochener Dialekt ist, stimmt so nicht. Denn es handelt sich nicht um einen, sondern um mehrere Dialekte, und so gibt es zwischen Schwäbisch und Schwäbisch **erhebliche Unterschiede.** Lieder wie „Auf de schwäbsche Eisebahne“ und „Muss i denn zum Städtele hinaus“ sind dagegen gar **kein Schwäbisch,** wie Peter-Michael Mangold auf seiner wunderbaren Website (siehe rechts) einleuchtend erklärt: „Denn erstens sagt der Schwabe ‚muass' und zweitens ist das Städtele ein ‚Städtle', ‚ond sonschd nex'!“ Es hat auch nichts mit Schwäbisch zu tun, an alles die **Endung „le“** anzuhängen.

Die schwäbischen Dialekte haben eine große Bandbreite an Abweichungen zur Hochsprache. Da gibt es regionale Unterschiede zwischen **Nieder-** und **Oberschwäbisch, Ostschwäbisch** und **Enztalschwäbisch.** Experten können dank des Dialekts die Herkunft einer Person zuverlässig zuordnen. Doch selbst eingeborene Stuttgarter mit ihrem **Honoratiorenschwäbisch,** wie es zum Beispiel Kommissar Bienzle im Tatort spricht, verstehen kaum einen Satz, wenn ein sogenannter **Älbler** richtig loslegt. Die bäuerliche Sprache der Schwäbischen Alb ist in ihrer Derbheit und Unverständlichkeit kaum zu überbieten. Bei den jüngeren Generationen und im normalen **Umgangsschwäbisch,** das man überall in Stuttgart auf dem Wochenmarkt oder in Läden hören kann, verschwinden allerdings viele Feinheiten.

Im Dialekt, und ganz besonders auf Schwäbisch, lassen sich aber auf jeden Fall einige Sachen viel **freundlicher, herzlicher** und **vertrauter** aussprechen als auf Hochdeutsch. Sogar **Grobheiten** gewinnen deutlich an Charme. Auf **www.schwaebisch-schwaetza.de** findet man nicht nur Schimpfworte und Kraftausdrücke von „Affadaggl“ und „Aggrbuddz“ bis „Vivatsfetz“ und „Zullabena“, sondern noch viele weitere interessante Geschichten, Anekdoten und Witze rund um das Schwäbische sowie ein Schwäbisch-Lexikon und einen Schwaben-Test.

Wer noch tiefer in das Schwäbische eintauchen will, findet im Sprachführer **„Schwäbisch – das Deutsch im Ländle“**, erschienen in der Reihe Kauderwelsch im Reise Know-How Verlag, einen spannenden und hilfreichen Reisebegleiter.

hier ihren Sitz, aber auch der umtriebige **Mittelstand** ist mit zahlreichen Unternehmen gut vertreten. Die **Automobilindustrie,** das wichtigste wirtschaftliche Standbein der Stadt, und die große Reihe ihrer Zulieferer sorgen für gediegenen Wohlstand, die schwäbische „Schaffe-Schaffe-Mentalität“ tut ihr Übriges. Wer „beim Daimler“ schaffte, konnte besonders selbstbewusst auftreten, jedenfalls zu Zeiten, als Sparsamkeit noch vernachlässigt werden durfte und dicke Autos mit Erfolg gleichgesetzt wurden. Rund 8000 Mitarbeiter hat allein der **Daimler-Konzern** in Untertürkheim sowie 35.000 in Sindelfingen, **Porsche** weitere 8000 plus 6500 in der Region – allerdings ist nach verschiedenen misslungenen Übernahmeversuchen und Fusionen und insbesondere seit dem Abgasskandal

029st Abb.: sm

und den Vorbehalten gegenüber der **Elektromobilität** der Ruf aller Automobilkonzerne etwas angekratzt.

Städtebauliche Fehler der Nachkriegszeit und der 1960er-Jahre, insbesondere die Zerstückelung der Innenstadt, um den Anforderungen des Autoverkehrs gerecht zu werden, sind heute nur schwer zu korrigieren. Bei der **Schadstoffbelastung** war die Schwabenmetropole bundesweiter Rekordhalter und überschritt die zulässigen Grenzwerte viel zu häufig. Heute hält sie sie jedoch ein. Zu den aktuellen Grundfragen der **Stadtentwicklung** gehören auch zukünftig **neue Mobilitätskonzepte** – sogar die Autoindustrie selbst arbeitet an neuen Ideen, zu denen neben der Weiterentwicklung von Elektroautos auch Carsharing-Systeme gehören. Zukunftsforschung betreiben auch die Hightech-Firmen und Universitäten der Stadt. Eine weitere Herausforderung ist es, die **Wohnqualität** in der Stadt wieder zu erhöhen. Dazu soll die Innenstadt wachsen, vor allem auf den frei werdenden Gleisanlagen jenseits des Hauptbahnhofs ❶.

Seit 1952 sind **badener** und **württembergische Schwaben** im „Bindestrich-Land" vereint, doch hält das die Landsleute nicht von Spott und Witzeleien über die vermeintlich so anderen Nachbarn ab. Und die Franken und Kurpfälzer nicht zu vergessen – man tut gerne so, als sei man

Ende August bzw. Anfang September bietet das „Stuttgarter Weindorf" schwäbische Lebensart und Lebensfreude

grundverschieden und pflegt seine gegenseitigen **Vorurteile** mit Hingabe. Gegenüber allen anderen hält die Südwest-Allianz allerdings zusammen, doch wird man dabei ungern laut oder kraftmeierisch – im **selbstbewussten** „Musterländle" wird eher Wert auf **Understatement** und Zurückhaltung gelegt.

Früher galt die Schwabenmetropole als behäbige, ja etwas schwerfällige Provinzstadt, doch das hat sich gründlich geändert. Obwohl Stuttgart mit rund 610.000 Einwohnern deutlich kleiner ist als die Millionenstädte Berlin, München, Hamburg, **spielt es kulturell ganz vorne mit.** Und selbst bei den **Übernachtungszahlen** kommt die Landeshauptstadt Baden-Württembergs gleich hinter den drei Städten. Zwar sind 70 Prozent der Gäste noch Geschäftsleute, doch die Bedeutung des **Tourismus** für die Stadt wächst.

Stuttgart, nicht eben die schönste Stadt Deutschlands, wird noch unterschätzt, das alte biedere Image hängt ihr noch nach, dabei bewerten bei entsprechenden Befragungen zur Städte-Beliebtheitsskala die Einwohner die **Lebensqualität** in ihrer Stadt als überdurchschnittlich hoch. Doch auch bei den Besuchern schwinden die Vorurteile, sobald sie die Stadt näher kennenlernen. Die City ist jünger geworden, hat an Weltläufigkeit gewonnen und steht auch im Lebensgefühl den selbstbewussteren Millionenstädten in nichts nach – und trotzdem bleibt sie überschaubar.

Der bekannte, von einer Agentur entwickelte Werbespruch **„Wir können alles. Außer Hochdeutsch"** wurde dankbar für weitere Wortspiele aufgegriffen und zeugt von einem **wachsenden regionalen Selbstbewusstsein**, hat aber nur wenig Realitätsgehalt. Immer weniger Stuttgarter haben ihre sprachlichen Wurzeln im Schwäbischen, in der Vielvölkerstadt stammen über 40 Prozent der 610.000 **Einwohner** in erster oder zweiter Generation aus einer Migrantenfamilie, also fast jeder zweite. Damit rangiert Stuttgart im Vergleich aller deutschen Großstädte noch vor Berlin an erster Stelle. Als **„Einwanderungsstadt"** betreibt die Landeshauptstadt aktive Integrationspolitik – wofür sie von der UNESCO auch ausgezeichnet wurde. Die Mitbürger mit „Migrationshintergrund" machen Stuttgart nicht nur bunt und weltoffen, sie sollen sich auch wohlfühlen und viele sind längst „gefühlte" Schwaben.

Stuttgart 21

Eine solch aufmüpfige Bürgerschaft hätte dem „Ländle" eigentlich niemand zugetraut: Ausgerechnet die als kreuzbrav geltenden Schwaben probten den Aufstand! Rebellische Bürger, Bauherr Bahn, Stadt und Medien stritten, ob „Stuttgart 21" eine städtebauliche „Jahrhundertchance" biete oder doch wohl eher ein „Milliardengrab" sei. Wurde der **Konflikt um den Stuttgarter Hauptbahnhof** anfangs nur als lokale Streiterei abgetan, entwickelte sich der Protest schon bald zur bundesweit beachteten Auseinandersetzung um das Großprojekt und setzte darüber hinaus eine **Grundsatzdiskussion um Bürgerbeteiligung** in Gang.

Mit dem **kompletten Umbau** des oberirdischen Kopfbahnhofs – oder besser gesagt mit der Verbuddelung zum **unterirdischen Durchgangsbahnhof** ist inzwischen längst begonnen worden. Der alte Bonatz-Bau soll zwar integriert werden, blieb aber nur

084st Abb.: gk

zum Teil erhalten, seine Seitenflügel fielen dem Umbau bereits zum Opfer. Das **begehbare Dach** des neuen Tiefbahnhofs soll den Straßburger Platz mit dem Schlossgarten verbinden, für die Bauarbeiten mussten allerdings mehr als **250 Bäume weichen**.

Das Projekt beschert der Stadt nach wie vor **eine der größten Baustellen Europas** – mit allen Unannehmlichkeiten wie Lärm, Dreck, Umleitungen, Baustellenverkehr und Chaos im öffentlichen Nah- und Fernverkehr. Zudem wirft das Vorhaben schwerwiegende Fragen auf. Denn auch nach der **Volksabstimmung** im November 2011 halten viele den geplanten Tiefbahnhof für zu teuer, technisch zu riskant (Gefährdung der Mineralwasservorkommen, Risse in Häusern), zu sehr von Immobilienspekulanten vorangetrieben (Rosensteinviertel) und zu unflexibel (Erweiterung kaum möglich).

Anfänglich wurden die Proteste mit unterschiedlichsten Mitteln ausgetragen. Am **legendären Bauzaun** – der inzwischen als Ausstellungsexponat in das Stuttgarter Haus der Geschichte wanderte – wurde Kritik verbal artikuliert, **Sitzblockaden und Demonstrationen** wurden organisiert und Hunderte S21-Gegner harrten im Schlosspark in einem **Protestcamp** aus oder ketteten sich an Bäume. So kam es im Verlauf des Konflikts auch zu massiven Polizeieinsätzen mit teilweise über 2400 Sicherheitskräften.

Die neue Streitkultur rüttelte das politische Gefüge in ganz Baden-Württemberg auf jeden Fall gründlich durcheinander. Die CDU wurde abgewählt, das **Reformbündnis Grün-Rot** sollte für den Aufbruch stehen. Weil das Ergebnis beim hartnäckig erkämpften **Volksentscheid** mit 58,8 Prozent allerdings zugunsten des gigantischen Projekts ausfiel, gilt der Streit um das Bauvorhaben zu-

Die Gegner von „Stuttgart 21" hielten sich am Bauzaun mit ihrer Meinung nicht zurück

055st Abb.: apw

mindest für einen Teil der Bewegung als beendet – ganz ausgestanden ist er aber noch keineswegs.

Denn seither ist „Stuttgart 21" auf dem besten Weg, mit **Elbphilharmonie und Berliner Flughafen** in einem Atemzug genannt zu werden – Zeitplan und „Kostendeckel" für das umstrittene Prestigeprojekt sind längst gesprengt bzw. haben sich als Produkt reinen Wunschdenkens entpuppt. Lagen die geschätzten Kosten 1995 bei etwa 2,6 Mrd. Euro, war schon bald von 6 Mrd. Euro oder sogar mehr die Rede, das entsprach etwa der Schätzung der Projektkritiker. 2019 musste die Bahn eine weitere **Kostensteigerung** bekanntgeben – als neuer Finanzrahmen wurden 8,2 Mrd. Euro angegeben, im Jahr 2022 ging man schließlich von 9,8 Mrd. Euro aus. Grund seien Probleme bei der unterirdischen Bebauung und Preissteigerungen bei der Auftragsvergabe für Tiefbahnhof und Tunnel. Da bis zur geplanten Inbetriebnahme im Dezember 2025 weitere Aufträge vergeben werden müssen, lässt sich vermuten, dass der „Topf" nach wie vor nicht gedeckelt ist.

Was ist schiefgelaufen? Wer ist für die **milliardenschwere Fehlkalkulation** verantwortlich? Und wer übernimmt die Mehrkosten? Der Staatskonzern möchte die leidigen Fragen und die Finanzierungslücke gerne loswerden und sieht das Land in der Pflicht, sich an der Kostenexplosion zu beteiligen. Technikvorstand **Volker Kefer** und Bahnvorstand **Rüdiger Grube** haben das Unternehmen verlassen – für die unangenehme Hinterlassenschaft sind jetzt andere verantwortlich. Demnächst treffen sich **Land und Bahn vor Gericht** wieder – unterdessen wird munter weitergebaut.

⌃ *Diese Grafik zeigt, wie der Bahnhof später einmal aussehen soll*

004st Abb.: sm

An- und Rückreise

Stuttgart ist gut an das regionale, nationale und internationale Verkehrsnetz angebunden. Der **Stuttgarter Flughafen** wird mehrmals täglich von deutschen Großstädten sowie von Wien und Zürich angeflogen. Fast 50 Airlines, auch Billigfluggesellschaften wie Eurowings, Vueling und Tuifly, bieten Verbindungen von und nach Stuttgart an.

Vom **Flughafen zum Hauptbahnhof** 1 im Zentrum Stuttgarts gelangt man ohne Umsteigen mit der U6 und den S-Bahn-Linien S2 und S3. Die Fahrtzeit beträgt eine halbe Stunde, die Entfernung etwa 13 Kilometer. Daneben gibt es mehrere Buslinien, die den Flughafen mit der Region verbinden.

› www.flughafen-stuttgart.de

Mit dem Auto erreicht man Stuttgart über die A8 und die A81 aus allen vier Himmelsrichtungen. Rund um die Stadt besteht häufig Staugefahr.

Die Anreise mit dem **Zug** zum Stuttgarter Hauptbahnhof ist durch den Anschluss an das ICE- und IC-Netz von allen deutschen, österreichischen und Schweizer Großstädten unkompliziert möglich. Man kann sich auf den Internetseiten der Bahngesellschaften über Sparpreise, Gruppentickets, Familienrabatte und Wochenendangebote informieren, bei denen meist Zugbindung besteht.

› www.bahn.de, www.oebb.at und www.sbb.ch

Vorseite: Vom Stuttgarter Fernsehturm 42 genießt man zu jeder Tageszeit einen einzigartigen Blick

Autofahren

Die Topografie Stuttgarts hat dazu geführt, dass viele Verkehrsverbindungen unterirdisch durch eine Vielzahl von **Tunneln** geführt werden. Ortsfremden Autofahrern kann das ein paar Orientierungsprobleme bereiten, denn kaum hat man die falsche Abbiegespur gewählt, gerät man schnell in einen der vielen langen Tunnel und kann erst dahinter wieder wenden. Zu den Stoßzeiten im Berufsverkehr bilden sich an den Tunneln und Einfahrtschneisen häufig lange **Staus.**

Stuttgart galt als **Feinstaub-Hauptstadt** Deutschlands – mit Rekordwerten trotz grüner Landesregierung und trotz drohender Klage vor dem Europäischen Gerichtshof wegen zu häufiger Überschreitung der Grenzwerte. Weil Appelle an die Bevölkerung, das Auto stehen zu lassen, nicht halfen, wurden zunächst temporäre **Fahrverbote** eingeführt. Seit 2020 gilt in der Umweltzone Stuttgart – also im gesamten Stadtgebiet – ganzjährig ein Fahrverbot für Fahrzeuge mit Dieselmotoren der Abgasnorm Euro 4/IV und darunter sowie im Talkessel, Bad Cannstatt, Feuerbach, Zuffenhausen – der kleinen Umweltzone – ein Fahrverbot für 5/V und darunter. Eine weitere Verschärfung ist geplant.

Im Stadtgebiet von Stuttgart dürfen nur Kraftfahrzeuge mit der grünen **Umwelt-Plakette** (www.umwelt-plakette.de) fahren. Wer in der Innenstadt parken will, ist am besten mit einem **Parkhaus** beraten. Leicht zugänglich und recht zentral gelegen sind die Tiefgaragen unter der Kulturmeile und unter dem Landtag. Weitere citynahe Parkhäuser finden sich zum Beispiel am Kaufhaus Breuninger und am Kaufhof. Alle genannten Parkhäuser bieten günstigere Abendtarife.

P121 [E5] **Parkhaus Kaufhaus Breuninger,** Zufahrt über Esslinger Straße

P122 [D3] **Parkhaus Kaufhof,** Zufahrt über Kronenstraße

P123 [E4] **Parkhaus Landtag,** Zufahrt über Konrad-Adenauer-Straße

Das **Carsharing-Unternehmen Stadtmobil** (https://stuttgart.stadtmobil.de) kooperiert mit rund 220 Städten in Deutschland. Je nachdem, ob man zu Hause schon Mitglied beim Carsharing ist, kann man auch auf den Stuttgarter Fuhrpark zugreifen. Verleihfirmen für **Mietwagen** finden sich in der Ankunftshalle des Flughafens und im Hauptbahnhof ❶. Die Stadtwerke Stuttgart bieten mit **stella-sharing** ein **Mietsystem für E-Roller** (www.stella-sharing.de, gebucht wird nach Registrierung über eine kostenlose App, jeder Roller ist mit zwei Helmen ausgerüstet, einmalige Anmeldegebühr 19 €, 0,24 € pro Minute, Tagespauschale 23 €).

› **Pannenhilfe:** ADAC Stadtpannendienst, Tel. 01802 222222, aus allen Mobilfunknetzen Tel. 2222222

046st Abb.: gk

Barrierefreies Reisen

Ein großes Handicap für **Rollstuhlfahrer** sind die starken **Steigungen** und die vielen **Treppen** in Stuttgart. Stuttgart-Marketing (s. S. 115) gibt die knappe Broschüre **„Stuttgart barrierefrei"** heraus, die einen Innenstadtplan enthält und Infos über die Zugänglichkeit von Sehenswürdigkeiten, Museen, Mineralbädern und Veranstaltungsorten gibt. Außerdem erhält man Hinweise zu Hotels, Restaurants, Parkplätzen und Toiletten. Eine **Sightseeingtour** durch die ebenere Innenstadt ist problemlos machbar. Online-Recherche unter:

› www.stuttgart-tourist.de

Die **Wilhelma** ㉙ hält für ihr großes Gelände auf ihrer Website Informationen bereit, Rollstuhlfahrer erhalten zudem an der Kasse kostenlos einen Plan („Wilhelma ohne Treppen"), der taugliche Wege veranschaulicht und auf mögliche Hindernisse hinweist.

› www.wilhelma.de/besuch/orientierung/wilhelma-barrierearm

In der Tourist-Information (s. S. 115) ist der Plan **„Verbund-Schienennetz für mobilitätseingeschränkte Fahrgäste"** erhältlich. Die **Stadtbahn** gibt auf ihrer Website detaillierte Infos, inwieweit Haltestellen, Bahnen und Busse, Zahnrad- und Standseilbahn für Geh-, Hör- und Sehbehinderte zugänglich sind. Auch die **Fahrplanauskunft** und die **Website des VVS** wurden möglichst barrierefrei gestaltet.

› www.vvs.de/barrierefrei und www.ssb-ag.de/kundeninfo/barrierefrei

◁ *Einer von vielen: der Wagenburgtunnel*

Für Menschen mit einer **Sehbehinderung** wurden bereits einige **Ampeln** im Innenstadtbereich mit **akustischen Signalen** ausgestattet. In der Regel werden diese Hilfen aber erst installiert, wenn für die Kreuzungen ohnehin neue Ampelanlagen fällig sind.

Auch neue **Stadtbahnhaltestellen** werden grundsätzlich mit speziellen **Blindenleitsystemen** ausgestattet. Wo sich die Türen des stehenden Zugs befinden, gibt es spezielle „Aufmerksamkeitsfelder". An einigen unterirdischen Haltestellen wird über akustische Durchsagen die jeweilige Liniennummer und das Ziel des einfahrenden Zuges angegeben.

An zentralen Stellen der U-Bahn-Haltestellen Degerloch wurden **Tastreliefs** aufgestellt und in Aufzügen der U- und S-Bahn-Haltestellen gibt es eine Beschriftung in Braille-Schrift.

Diplomatische Vertretungen

- **Österreichische Botschaft,** Stauffenbergstraße 1, 10785 Berlin, Tel. 030 26934280, www.bmeia.gv.at
- **Schweizer Botschaft,** Otto-von-Bismarck-Allee 4a, 10557 Berlin, Tel. 030 3904000, www.eda.admin.ch/berlin

Informationsquellen

Infostellen in der Stadt

In der Touristeninformation von **Stuttgart-Marketing** gibt es **Tickets** für Veranstaltungen, **Fahrscheine** für Rundfahrten sowie **Informationen** zum Kulturprogramm und zu anderen sehenswerten Dingen. Außerdem kann man **Hotelzimmer reservieren** und **Souvenirs** kaufen. Eine Dependance

Stuttgart preiswert

Wer einen Besuch im **Mercedes-Benz-Museum** 44 erst für den späten Nachmittag plant, spart mit dem **Abendticket** die Hälfte des Eintrittspreises, in der **Wilhelma** 29 ein Viertel. Besonders schön ist dort ein Abendspaziergang zum ermäßigten Tarif in den Sommermonaten. Mi. ist der **Eintritt** in die Sammlung der Staatsgalerie 20 **frei** sowie Mi. ab 13 Uhr im **Museum am Löwentor** 26.

An einer kostenlosen **Führung** durch die jeweilige Ausstellung im **Kunstgebäude** 6 kann man sonntags um 15 Uhr teilnehmen. An vielen Samstagen führen Gärtner und Tierpfleger kostenlos durch die **Wilhelma** 29 (nach Voranmeldung).

Die **Musikpause** (s. S. 25) ist eine günstige Offerte des Landesmuseums Württemberg. In der Stiftskirche 11 kann man jeden Freitag um 19 Uhr gegen kleines Eintrittsgeld **Chormusik** hören.

Mit der **StuttCard** gibt es Ermäßigungen bei rund 50 Partnern, darunter Staatsgalerie und Kunstmuseum sowie Mercedes-Benz- und Porsche-Museum 46. Die Card kostet je nach Gültigkeitsdauer 18 € (24 Std.), 25 € (48 Std.) oder 30 € (72 Std.) Geplant ist zudem die etwas teurere StuttCard PLUS, die zusätzlich die Nutzung des öffentlichen Nahverkehrs enthält. Buchung und weitere Infos unter https://www.stuttgart-tourist.de/stuttcard.

der Touristeninformation befindet sich im Flughafen Stuttgart (Terminal 3, Ankunftsebene).

124 [E3] **Tourist-Information i-Punkt,** Königstraße 1a, Haltestelle: Hauptbahnhof, U5, U6, U7, U12, U14, U15, U29, S1, S2, S3, S4, S5, S6, S60, Tel. 0711 22280, www.stuttgart-tourist.de, Mo.–Sa. 10–18, So. 10–15 Uhr

Karten für Veranstaltungen in der Stadt bekommt man zum Beispiel bei Saturn in den Königsbau-Passagen 7 (Tel. 221235), bei Easy Ticket (Tel. 2555555, www.easyticket.de) oder auch bei Stuttgart Marketing (Tel. 2228111, www.stuttgart-tourist.de).

Stuttgart im Internet

- **www.stuttgart.de:** Die offizielle Website der Stadt Stuttgart hält sowohl Informatinen für die Einwohner als auch für Besucher bereit, etwa einen Veranstaltungskalender, Porträts der Stadtteile, Infos über Sehenswürdigkeiten und Typisches wie die Stäffele oder die Mineralquellen.
- **www.stuttgart-tourist.de:** Die Website von Stuttgarts Stadtmarketing hat auch viele Suchfunktionen, mit denen man sich Restaurants und Nightlife-Adressen, Hotels und Einkaufstipps, Wellnessangebote und anderes je nach persönlichem Gusto – für Raucher, mit Kindern etc. – filtern kann.
- **www.lift-online.de:** Die Stadtillustrierte informiert umfassend über Restaurants, Nightlife, Shopping und Kino-, Theater- und Partytermine. Eine Extrarubrik bietet Tipps für Kinder.
- **www.stadtlexikon-stuttgart.de:** Wer tiefer in die Geschichte von Gebäuden, Friedhöfen oder Stuttgarter Persönlichkeiten einsteigen will, als es in diesem CityTrip möglich ist, kann sich auf einer interaktiven Karte zu den entsprechenden Informationen und historischen Abbildungen klicken.
- **www.stuttgarter-zeitung.de:** In der Rubrik „Stadtkind Stuttgart" finden sich viele gute Tipps, teilweise allerdings nur mit kostenpflichtigem Abo zugänglich.
- **www.stuttgartcooking.de:** Ein Blog aus Stuttgart, der Autor Johannes Guggenberger kocht regional und hat auch ein Kochbuch veröffentlicht.
- **www.stiftung-stuttgarter-bruennele.de:** viele Fotos und Infos zu den zahlreichen Brunnen der Stadt
- **www.kessel.tv:** Der Blog versorgt seine Leser mit aktuellen News zum Alltagsleben und zur Gastro- und Ausgehszene im Stuttgarter Talkessel.

Publikationen und Medien

Karten und Pläne

Spezielles und Ausgefallenes erwerben Kartenfans im Kundenzentrum des Stuttgarter Stadtmessungsamts, etwa **Reliefpläne, Darstellungen aus der Vogelperspektive** (Bollmann-Karte), **Luftbilder** und **Luftbildpläne, historische Karten, Karten** zu den Themen Freizeit, Rad- und Wanderwege, Umwelt und Naturparks. Neben Gedrucktem vertreibt das Amt auch **interaktive Kartenwerke** und eine **3D-Citymap.**

125 [D2] **Stadtmessungsamt Stuttgart,** Kronenstr. 20, Haltestelle: Hauptbahnhof, U5, U6, U7, U12, U14, U15, U29, S1, S2, S3, S4, S5, S6, S60, Tel. 21659601, www.stuttgart.de, Mo.–Do. 9–16, Fr. 9–12 Uhr

Magazine und Zeitungen

Monatlich bringt **Lift Stuttgart** ein gleichnamiges **Stadtmagazin** heraus, das umfassend über Termine und Themen der Stadt und der Region informiert. Unter derselben Regie erscheinen jährlich neu auch der

Meine Literaturtipps: Tatort Stuttgart

Stuttgarter **Regionalkrimis** gibt es eine ganze Reihe, wer also mörderische Geschichten mit Lokalkolorit lesen möchte, hat die Auswahl. **Silvija Hinzmann, Britt Reissmann** und **Martina Fiess** veröffentlichen im Emons Verlag, **Elisabeth Kabatek** im Verlag Droemer Knaur und **Birgit Hummler, Sigrid Ramge, Toni Feller, Thomas Hoeth, Dietrich Weichold** schreiben für den Silberburg-Verlag. Kein Krimi, aber im selben Verlag erschienen ist der Band „Erzählte Stadt. Stuttgarts literarische Orte" von **Irene Ferchl.**

Überregional machte sich **Heinrich Steinfest** einen Namen, etwa mit einem „Stuttgart 21"-Thriller im Theiss Verlag: Drei Männer und ein Hund sind jeder auf seine Weise mit dem umstrittenen Großprojekt verbunden. **Wolfgang Schorlau** lässt seinen Privatdetektiv Georg Dengler bei Kiepenheuer&Witsch ermitteln. Die Bücher von Altmeister **Felix Huby** um die Fälle vom Kommissar Bienzle, den Tatortfans aus dem Fernsehen kennen, sind alle im Fischer Verlag erhältlich.

Für historisch interessierte Besucher lohnt sich auch die kleine, aber feine Reihe „Spuren" aus dem **Literaturarchiv Marbach** (www.dla-marbach.de/shop/spuren). **Jan Bürger** wandelt in seinem Buch „Der Neckar" (C.H.Beck Verlag München) auf den historisch-kulturellen Spuren des Neckartals und **Sigrid Brüggemann** und **Roland Maier** unternehmen spannende Streifzüge durch Stuttgart: „Auf den Spuren jüdischen Lebens" (Schmetterling Verlag Stuttgart).

Shoppingführer **Stuttgart kauft ein** mit rund 1000 Adressen und der Szeneführer **Stuttgart geht aus** mit über 1500 Gastro- und Nightlife-Tipps, herausgegeben vom PV Projekt Verlag. Anders als die Titel zunächst vermuten lassen, enthalten sowohl der Shopping- als auch der Szeneführer großteils Adressen aus dem Umland.

Zwei Tageszeitungen bringen montags bis samstags Aktuelles und Hintergrundberichte: die **Stuttgarter Nachrichten** und die **Stuttgarter Zeitung.** Beide haben eigene Redaktionen, kommen aber aus demselben Verlagshaus.

› www.stuttgarter-nachrichten.de
› www.stuttgarter-zeitung.de

Internet

In den meisten **Unterkünften** gehört ein kostenloser WLAN-Zugang zum Standard. Die Stadt Stuttgart bietet **kostenloses WLAN** inzwischen an rund einem Dutzend Orten an: Auf dem Marktplatz, am Schlossplatz, an der Tourist-Information i-Punkt in der Königstraße 1a und am Schillerplatz (www.stuttgart-tourist.de/wlan-in-stuttgart). Nette Cafés zum temporären Arbeiten außer Haus sind Mokuska und Zimt & Zucker (beide S. 77).

› **WLAN-Hotspots:** www.freie-hotspots.de und https://hotsplots.com/hotspot-karte

LGBT+

Bei **www.schwulst.de** kann man sich online einen Überblick über das Angebot für Homosexuelle in Stuttgart verschaffen. Der Terminkalender des

Magazins bietet Infos über Partys, Clubs, Bars und Bistros und verzeichnet Dienstleister, Friseure, Buchläden sowie Gruppen und Vereine wie den Chor „Rosa Note" oder den schwul-lesbischen Fanclub des VfB, die Stuttgarter Junxx e. V.

Stuttgarts **schwul-lesbisches Zentrum Weißenburg** ist Treffpunkt, „Vereinsheim", Veranstaltungsort und ideal für Szeneneulinge. Außerdem kooperiert das Zentrum mit der schwul-lesbischen Zimmervermittlung und betreibt ein Café. Dort kann man Kontakt zu den Stuttgarter LGBT-Gruppen knüpfen, beim Spieleabend vorbeischauen oder eine Kleinigkeit essen.

Wie in vielen Metropolen geht auch in Stuttgart der Trend weg von reinen Gay-Clubs, viele öffnen sich dem gemischtem Publikum. Stattdessen sind in wechselnden Locations regelmäßig queere Partys zu Gast, zum Beispiel die beliebte Partyreihe „Fame" (www.fame-party.de).

•126 [D7] **Schwul-lesbisches Zentrum Weißenburg e. V.,** Weißenburgstr. 28a, Haltestelle: Österreichischer Platz, U1, U9, U34, Tel. 6404494, www.zentrum-weissenburg.de, Café Di.–Fr. 19–22, So. 15–22 Uhr

127 [D5] **Erlkönig,** Nesenbachstr. 52, Haltestelle: Rathaus, U1, U2, U4, U9, U14, Tel. 639139, www.buchladen-erlkoenig.de/shop, Mo.–Sa. 11–18 Uhr. Die Buchhandlung für die schwul-lesbische Szene ist gleichzeitig der Redaktionssitz des Magazins „Schwulst" und des „Homoführers" für Baden-Württemberg.

128 [F5] **Zieglerkeller,** Blumenstr. 29, Haltestelle: Olgaeck, U5, U6, U7, U15, Tel. 2333323, www.gayzone-stuttgart.org, Fr. ab 21 Uhr, Sa. ab 22 Uhr. Seit mehr als 30 Jahren gibt es die Schwulenbar mit Dancefloor im (namengebenden) Kellergewölbe.

Medizinische Versorgung

Bei Krankheit und Unfällen können Krankenhäuser und Kliniken in Anspruch genommen werden. Zentral gelegene Krankenhäuser sind das **Bethesda-Krankenhaus** und das **Katharinenhospital.** Letzteres ist zugleich eines der größten Krankenhäuser der Region. Daneben gibt es in Stuttgart-West, -Süd, -Ost-, -Nord und Bad Cannstatt ca. ein Dutzend weitere Häuser.

Über den **Apothekennotdienst** kann man sich in der Tagespresse oder dem Ansagedienst der Landesapothekenkammer Baden-Württemberg informieren. Auf der Website www.fruehehilfen-stuttgart.de/notfallnummern finden sich Telefonnummern zu Frauenhäusern, Elterntelefon und Telefonseelsorge.

129 [C2] **Klinikum Stuttgart/Katharinenhospital,** Kriegsbergstr. 60, Haltestelle: Katharinenhospital, Bus 40, 42, Tel. 27801, www.klinikum-stuttgart.de

› **Ärztlicher Bereitschaftsdienst:** Tel. 116 117

› **Ärztlicher Notdienst:** Tel. 2628012 (Mo.–Do. 19–7, Fr. 14–7, Sa., So. rund um die Uhr)

› **Ärztlicher Notfalldienst für Kinderheilkunde:** Tel. 0180 6071112

130 [A4] **Zahnärztlicher Notfalldienst,** Schlossstr. 74, Tel. 22058225, www.kzvbw.de/zahnarzt-notdienst/stuttgart, Mo.–Do. 20–6, Sa., So. durchgehend

› **Apotheken-Notdienst:** Ansage unter Tel. 0800 0022833

› **Rettungsdienst** und **Krankentransporte:** Tel. 19222

131 [D3] **Apotheke Königsbau,** Königstr. 28, Haltestelle: Schlossplatz, U5, U6, U7, U12, U15, Tel. 2293160, www.apotheke-koenigsbau.de, Mo.–Fr. 8.30–20, Sa. 9–20 Uhr

047st Abb.: gk

Mit Kindern unterwegs

Eine Städtetour mit Kindern kann Eltern und ihrem Nachwuchs gleichermaßen Spaß machen: Bei Besuchszielen wie dem **Schweinemuseum** (s. S. 66), den beiden **Automuseen** von Mercedes-Benz ⓸⓸ und Porsche ⓸⓺, im zweiteiligen **Naturkundemuseum** (⓶⓺ und ⓶⓼) und in der **Wilhelma** ⓶⓽ langweilt sich gewiss keiner! In der Wilhelma sind besonders die Tierfütterungen eine Attraktion: Seelöwen täglich außer Do. um 11 und um 15 Uhr, Krokodile Mo. 14 Uhr, Gorillas Mai–Sept. täglich 13.15 Uhr oder Pinguine täglich 14.30 Uhr.

Bei schönem Wetter lockt der **Höhenpark Killesberg** ⓶⓶, nicht nur mit seinem abenteuerlichen Aussichtsturm, sondern auch mit dem historischen Jahrmarkt. Eine alte Schiffsschaukel, eine Wurfbude, ein Karussell und ein Kasperletheater sehen noch aus wie zu Urgroßmutters Zeiten. Außerdem kann man gemütlich mit der Kleinbahn durch den Park tuckern und Einkehrmöglichkeiten gibt es auch genug. Das Theater in der Badewanne im Park bringt Märchen und witzige Tiergeschichten mit Puppen auf die Bühne. Der 3000 m^2 Kinderspielplatz gilt als einer der schönsten Stuttgarts und daneben ist das Tiergehege mit Ponys, Lamas, Eseln und Ziegen sehr beliebt. Die Tiere dürfen allerdings nicht gefüttert werden.

Kinder von 5 bis 10 Jahren in Begleitung Erwachsener können auch am **Familienspaziergang** von Stuttgart-Marketing (s. S. 115) teilnehmen, einer Stadtführung von etwa anderthalb Stunden unter Federführung von „Spatz Theo“.

Eines der größten **Kinder- und Jugendtheater** Deutschlands, das **Junge Ensemble Stuttgart** (s. S. 83), ist mitten in der Innenstadt zu finden, außerdem bieten auch weitere Theater spezielle Kinder- und Jugendvorstellungen an.

In einigen **Museen** gibt es **ermäßigte Eintrittstickets** für die ganze Familie. Für **Neckarfahrten** mit dem Schiff wird ein Familienticket für zwei Erwachsene und bis zu vier eigene Kinder angeboten.

Schon für Kinder ab 4 Jahren gibt es **Mitmachaktionen** und **Führungen in Stuttgarts Museen.** Das **Kunstmuseum** 8 lädt jeden zweiten Sonntag im Monat zu „Kunstgeschichten“, bei denen Kunstwerke in Fantasiereisen integriert und somit erlebbar werden (Eintritt frei). Fast alle Stuttgarter Museen bieten regelmäßig gemeinsame Angebote für Eltern und Kinder an wie den „Familiensonntag“ im Kunstmuseum oder die Familienführungen in der **Staatsgalerie** 20 (meist Fr. und So.) und im **Linden-Museum** 34 (meist Sa. oder So.). Ein eigenes Kindermuseum, das **Junge Schloss** (s. S. 65), hat das Landesmuseum im Alten Schloss eingerichtet. Auch das **Planetarium** 32 bietet eigene Kindervorstellungen an (meist Sa. und So., Reservierung empfohlen). Neben speziellen Kinderführungen gibt es im **Porsche-Museum** 46 auch eine Museumsrallye, eine Art Schnitzeljagd mit Fragen zur Ausstellung.

◁ Bei Kindern sehr beliebt – der historische Jahrmarkt auf dem Killesberg 22

Notfälle

Im Falle eines hoffentlich nicht eintretenden Notfalles stehen folgende Notrufnummern und Einrichtungen mit Rat und Tat zur Verfügung. Für Adressen von Krankenhäusern siehe S. 117.

132 [C4] **Polizeirevier 1,** Theodor-Heuss-Str. 11, Haltestelle: Stadtmitte-Rotebühlplatz, U2, U4, U14, U34, S1, S2, S3, S4, S5, S6, S60, Tel. 89903100. Das Polizeirevier Stuttgart-Mitte ist für die Innenstadt zuständig.

133 [C6] **Fundbüro,** Hauptstätter Str. 66, Haltestelle: Rathaus, U1, U2, U4, U9, U14, Tel. 21689494, www.stuttgart.de/vv/verwaltungseinheit/fundbuero.php, Mo.–Fr. 8.30–13, Do. 14–16 Uhr

- **Notruf Polizei:** Tel. 110
- **Notruf Feuerwehr:** Tel. 112
- **ADAC-Pannenhilfe:** Tel. 01802 222222

Kartensperrung

Bei **Verlust der Debit-/Giro-, Kredit- oder SIM-Karte** gibt es für Kartensperrungen eine **deutsche Zentralnummer** (unbedingt vor der Reise klären, ob die eigene Bank bzw. der jeweilige Mobilfunkanbieter diesem Notrufsystem angeschlossen ist). **Aber Achtung:** Mit der telefonischen Sperrung sind die Bezahlkarten zwar für die Bezahlung/Geldabhebung mit der PIN gesperrt, nicht jedoch für das **Lastschriftverfahren mit Unterschrift.** Man sollte daher auf jeden Fall den Verlust zusätzlich **bei der Polizei zur Anzeige bringen,** um gegebenenfalls auftretende Ansprüche zurückweisen zu können.

In **Österreich** und der **Schweiz** gibt es keine zentrale Sperrnummer, daher sollten sich Besitzer von in diesen Ländern ausgestellten Debit- oder Kreditkarten vor der Abreise bei ih-

rem Kreditinstitut über den zuständigen Sperrnotruf informieren.

Generell sollte man sich immer die **wichtigsten Daten** wie Kartennummer und Ausstellungsdatum **separat notieren,** da diese unter Umständen abgefragt werden.

- **Deutscher Sperrnotruf:** Tel. +49 116116 oder Tel. +49 3040504050
- **Weitere Infos:** www.kartensicherheit.de, www.sperr-notruf.de

Öffnungszeiten

Viele **Läden** in der Innenstadt öffnen zwischen 9.30 und 11 Uhr und bleiben Mo. bis Fr. bis 20 Uhr geöffnet, Sa. bzw. in den Außenbezirken bis 18 Uhr. Seit die Ladenschlussgesetze liberalisiert wurden, gibt es individuell unterschiedliche Öffnungszeiten, daher sind sie bei allen Adressen im Buch angegeben.

Die meisten **Museen** sind zwischen 10 und 17/18 Uhr geöffnet und bieten zum Teil zusätzlich an einem Wochentag abends eine längere Öffnungszeit, oft am Mi. oder Do. Montags haben viele Museen geschlossen.

Auch bei den **Restaurants** sind jeweils die Öffnungszeiten angegeben. Erstaunlich viele Stuttgarter Weinstuben und Restaurants öffnen nur abends. Deshalb empfiehlt es sich, bei der Suche nach einem Ort für das Mittagessen darauf zu achten. Einige Suppenküchen und Imbisse bieten wiederum nur einen Mittagstisch an.

Post

✉**134** [D3] **Postbank Finanzcenter,** Bolzstr. 3, Haltestelle: Schlossplatz, U5, U6, U7, U12, U15, Tel. 01802 3333, Mo.–Fr. 10–20, Sa. 9–16 Uhr. Zentral gelegene Poststelle nahe dem Schlossplatz.

Radfahren

Stuttgart ist eine **Autostadt** – nicht nur im wirtschaftlichen Sinn – und wird erst langsam für Fahrradfahrer (und andere Mobilitätskonzepte) attraktiv.

Wer im **hügeligen Stuttgart** in die Pedale treten will, muss für Ausflüge in die Hanglagen eine gute Kondition haben – oder teilweise schieben. Will man nicht dauernd bergauf schieben, kann man auf E-Bikes zurückgreifen.

Die Stuttgarter Verkehrsbetriebe (s. S. 129) gestatten die kostenlose **Mitnahme von Fahrrädern in S- und Stadtbahnen** außerhalb der Stoßzeiten. In der S-Bahn muss von Mo. bis

Genuss ohne steile Anstiege – Radfahren in der Innenstadt

Fr. zwischen 6 und 8.30 Uhr ein Kinderticket gelöst werden, in der Stadtbahn ist zu den Hauptverkehrszeiten (Mo.–Fr. 6–8.30 und 16–18.30 Uhr) die Mitnahme von Rädern ganz ausgeschlossen. In der **Zahnradbahn** dürfen sie bergauf den ganzen Tag kostenlos mitgenommen werden. In **Bussen** ist in der Regel keine Mitnahme von Fahrrädern möglich (mit Ausnahme weniger regionaler Linien).

Vorschläge für **Ausflüge** und **geführte Touren, Leih- und Ladestationen** in der Stuttgarter Region finden sich unter www.e-bike-region-stuttgart.de.

Leihmöglichkeiten für Fahrräder:

› **Bikesharing,** www.regioradstuttgart.de. Nach einer zentralen Registrierung können die Leihräder per App gebucht werden. An mehr als 250 Stationen in der Region stehen Räder, darunter auch E-Bikes und Lastenräder, zur Verfügung. Im Basistarif zahlt man 4 Cent pro Minute, pro Tag maximal 9 €, mit polygoCard 7 €. Die Elektrofahrräder (Pedelecs) kosten 8 Cent pro Minute, pro Tag 16 €.

•135 [D3] **Rentabike,** Lautenschlagerstr. 22, Haltestelle: Friedrichsbau, Tel. 42070833, www.rentabike-stuttgart.de, Leihgebühr pro Tag um 18 €, für Schüler und Studierende 14 €, pro Woche 59 €, ermäßigt 44 €

Sport und Erholung

Joggen und Inlineskating

Dank der vielen Parks und Grünanlagen sind schöne Laufstrecken für Jogger und Nordic Walker niemals weit und trotz der Steigungen wird auch in Stuttgart viel trainiert. Im „Grünen U" bietet der **Schlossgarten** mitten in der City die ebeneren Strecken, der ruhigere **Rosensteinpark** leichte Steigungen. Beliebt ist auch eine Runde um den künstlich angelegten **Max-Eyth-See** in der Neckarschleife, Stuttgarts größtes Gewässer und beliebtes Naherholungsziel. Man teilt sich die etwa 2,5 Kilometer lange Rundstrecke allerdings mit Inlinern, Radfahrern und vielen Spaziergängern.

Breitensport-Laufereignis des Jahres ist der **Stuttgart-Lauf** (Ende Mai), bei dem knapp 20.000 Teilnehmer an den Start gehen, vor allem auf die Halbmarathon-Strecke, aber auch auf kürzeren Distanzen oder als Staffel.

› www.stuttgart-lauf.de

Fußball

Heimspiele des mehrfachen Meisters **VfB Stuttgart** finden in der Mercedes-Benz-Arena statt. Das gigantische Fußballstadion im NeckarPark, direkt neben dem Cannstatter Wasen, hat Platz für 60.000 Zuschauer. Eintrittskarten gibt es online beim VfB, vor Ort im Fanshop, im i-Punkt (s. S. 115) und anderen Vorverkaufsstellen (Link mit Verzeichnis unter www.vfb.de) oder telefonisch über die Kartenhotlines von Easy Ticket (Tel. 0711 2555555) oder für Heimspiele beim VfB (Tel. 99331893).

Der lokale Rivale des VfB, die **Stuttgarter Kickers,** die früher den VfB mit Spielernachwuchs versorgten (Jürgen Klinsmann), sind derzeit weit abgeschlagen. Die Elf kickt in der Oberliga Baden-Württemberg (www.stuttgarter-kickers.de).

136 [fj] **VfB-Fancenter,** Carl-Benz-Center, Mercedesstr. 73a, Mo.–Fr. 9–18, Sa. 10–15 Uhr (und im i-Punkt, s. S. 115)

› **Mercedes-Benz-Arena,** Mercedesstr., Haltestelle: NeckarPark, S1, zu den Heimspielen fahren zusätzlich auch Sonderlinien (U11), www.mercedes-benz-arena.de

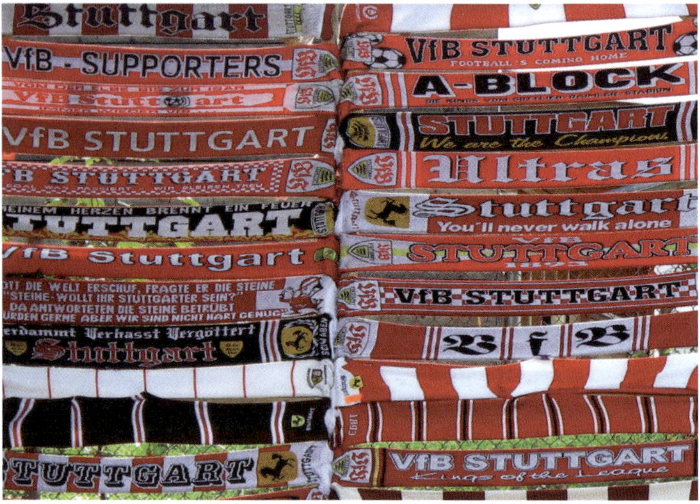

049st Abb.: gk

Schwimmen

Der Stuttgarter Untergrund hat seine Besonderheiten: Aus 19 Quellen, darunter 13 als **Heilquellen** staatlich anerkannt, sprudeln täglich Millionen Liter unterschiedlich mineralisiertes und teilweise kohlensäurehaltiges Wasser. Damit gehören die **Mineralwasservorkommen** zu den größten in Europa. Nur in Budapest sprudelt mehr Mineralwasser aus dem Boden. In drei Bädern lassen sich die Wohltaten des Mineralwassers genießen.

S137 [di] **Mineralbad Berg,** Am Schwanenplatz 9, Haltestelle: Mineralbäder, Tel. 21699890, www.stuttgarterbaeder.de/mineralbadberg, Sauna und Bad täglich 9–22 Uhr, Eintritt 12 €, ermäßigt 9,60 €, für 2 Stunden 8 €, ermäßigt 6,40 €, Eintritt Sauna zusätzlich 5 €. Das für sein prickelndes Wasser (21 °C) bekannte Thermalfrei- und -hallenbad mit nostalgischem Charme wurde unlängst komplett saniert.

S138 [ei] **Das Leuze,** Am Leuzebad 2, Haltestelle: Mineralbäder, Tel. 21699700, www.stuttgarterbaeder.de/leuze, Bad täglich 6–21 Uhr, Sauna Mo.–Di. 8–21, Mi.–Fr. 8–23, Sa. 7–23, So. 7–21 Uhr, Winzersauna ab 10 Uhr, Eintritt 14 €, ermäßigt 11,20 €, für 2 Stunden 9,50 €, ermäßigt 7,60 €, Sauna zusätzlich 6 €. Erfrischend: Im Leuze direkt am Neckar schwimmt man in Mineralwasser bei Temperaturen von 20 bis 34 °C und kann auch im Winter nach draußen. Mit 3300 m² großer Saunalandschaft, Sitz- und Liegebecken, Strömungskanal, Massagedüsen, Wasserfällen und großem Spiel- und Planschbereich für Kinder.

S139 [eh] **SoleBad Cannstatt,** Sulzerrainstr. 2, Haltestelle: Kursaal, U2, oder Bahnhof Bad Cannstatt mit S1, S2, S3, Tel. 21666270, www.stuttgarterbaeder.de/solebadcannstatt, täglich 9–21.30 Uhr, gemischte Sauna Di., Fr.–So. 9–21.30, Mi. 13–21.30 Uhr, nur für Damen Mo., Do. 9–21.30 Uhr, nur

Fan-Devotionalien des VfB

für Herren Mi. 9–13 Uhr, Eintritt 13 €, ermäßigt 10,40 €, für 2 Stunden 8,50 €, ermäßigt 6,80 €, Eintritt Sauna zusätzlich 5 €. Zur großzügigen Anlage gehören auch Sauna- und Wellnessbereich mit Mineralsauna und russisch-römischem Dampfbad. Fünf Mineralquellen speisen die Schwimm- und Badebecken, deren Temperaturen von 18 °C bis zur 30 °C warmen Thermalsole reichen.

Wandern

Der Verschönerungsverein Stuttgart hat drei Wanderrouten in und um Stuttgart ausgeschildert. Als **Jubiläumsweg** markierte man eine 15,9 Kilometer lange Route vom tiefsten Punkt der Stadt in Mühlhausen zum höchsten Punkt am Birkenkopf. Der 54 Kilometer lange **Rössleweg** führt als Rundwanderweg um Stuttgart, der 26 Kilometer lange Weg **Vom Schloss zum Schlössle** erschließt das „Grüne U", den Grünzug der Stadt, und führt vom Neuen Schloss zum Bärenschlössle.

Eine Freizeitkarte im Maßstab 1:25.000 erhält man für 6 € beim Stadtmessungsamt (s. S. 115), Infos auch im i-Punkt (s. S. 115) der Stuttgart Tourist-Information.

Der **Stuttgarter Weinwanderweg** führt direkt am Weinbaumuseum (s. S. 66) vorbei. Von der Alten Kelter in Uhlbach kann man also auch zu einem Spaziergang durch die Weinberge und zu Besenwirtschaften auf-

050st Abb.: sm

106st Abb.: gk

⌃ *Stuttgart bietet jede Menge Möglichkeiten für Wanderfreunde*

⌄ *Ausgeschildert sind verschiedene Rundwanderwege sowie Weinwanderetappen*

brechen. In den Weindörfern wie Rotenberg und Obertürkheim scheint Stuttgart weit weg zu sein. Für die Tour von knapp 11 Kilometern, die mit Traube und Glas ausgeschildert ist, benötigt man etwa drei Stunden.

Vier weitere Weinwandertouren, die man in etwa zwei Stunden absolvieren und auch miteinander kombinieren kann, führen von der Stadtmitte nach Degerloch, von Bad Cannstatt zur Lage Zuckerberg, vom Max-Eyth-See nach Mönchfeld oder vom Max-Eyth-See zum Pragsattel. Weinstuben am Wegrand laden immer wieder zum Verweilen und auch Probieren ein.

› www.stuttgart-tourist.de/shoppen-geniessen-in-stuttgart/wein-in-stuttgart/weinwanderwege-in-stuttgart

Stadttouren

Organisierte Stadtrundgänge mit sehr spezifischen Themen lohnen sich, um Stuttgart aus ganz unterschiedlichen Perspektiven kennenzulernen. Verschiedene Anbieter sorgen für eine vielseitige Auswahl.

Stuttgart-Marketing (s. S. 115) bietet Thementouren, die kulinarische Abendrundgänge und nächtliche Taschenlampenrundgänge durch Museen, Führungen durch die Markthalle oder das Bohnenviertel, eine lustige Tour mit „Frau Schwätzele", Architektur-, Stäffele- und Frauentouren umfassen sowie auch Weinproben und Weinwanderungen oder -rundfahrten mit Weinverkostungen, alle etwa einmal monatlich.

Weitere Anbieter von Stadtführungen zu den Themen Architektur, Stäffele, Auf Schillers Spuren, Frauengeschichten, Brunnen und Quellen, Wein, Kultur im Kessel, die Sight-Running als Joggingtour für Sportliche oder auch Geocaching-, Nacht- und Earlybird-Touren, per Pedes oder mit dem Fahrrad sind u. a.

› **Silke Amos,** Tel. 6203607, www.kulturfuehrungen.de
› **Kulturpilot,** Tel. 6402491, www.kulturpilot.de
› **Translang,** Tel. 6771897, www.translang.de

Im Stuttgarter Stadtgebiet zwängt sich der zur Schifffahrtstraße ausge-

051st Abb.: gk

baute Neckar zum Teil durch ein unattraktives Betonkorsett, doch flussabwärts passiert er auch eindrucksvolle Steillagen wie die Weinhänge des Cannstatter Zuckerle. **Flusstouren auf dem Neckar** zwischen Stuttgart und Besigheim starten in der Nähe der Wilhelma ㉙. Dank der vielen Anlegestellen lassen sich die Linienfahrten auch mit Ausflügen kombinieren. Neben Motorschiffen bietet der Neckar-Käpt'n auch Floßfahrten, meist mit Grill.

•**140** [ei] **Neckar-Käpt'n,** Anlegestelle Wilhelma, Haltestelle: Wilhelma, Tel. 54997060, www.neckar-kaeptn.de, Di.-So., Betriebsferien Mitte Dez.-Mitte Jan., Rundfahrt 20 €, Kinder bis 3 Jahre frei, 4-13 Jahre halber Preis, 14-16 Jahre 30 % Ermäßigung, Linienfahrten: Preise je nach Entfernung

Unterkunft

Das Angebot an Unterkünften in Stuttgart ist breit gefächert – vom Bett in der einfachen Herberge bis zum Luxushotel mit Wellnessbereich und vom gemütlichen Familienhotel bis zum modernen Designerzimmer kann je nach Gusto gebucht werden.

In Stuttgart gibt es ca. 130 Hotels, außerdem Hostels, Pensionen und Ferienwohnungen. Zu Messezeiten muss mit kräftigen Aufschlägen auf den Zimmerpreis gerechnet werden. Viele Hotels bieten Online- und teilweise auch Wochenendrabatte an.

Stuttgart-Marketing bietet einen Buchungsservice, gebucht werden kann online, per Telefon (Tel. 0711 2228100, hotels@stuttgart-tourist.de)

◁ *Auf Flussfahrt mit dem Neckar-Käpt'n*

Preiskategorien

Die Preiskategorien beziehen sich auf eine Nacht im Doppelzimmer ohne Frühstück.

€	bis 120 €
€€	120-200 €
€€€	ab 200 €

oder persönlich im i-Punkt (s. S. 115). Für Übernachtungsgäste gibt es von der VVS ein günstiges **ÖPNV-Angebot** in Form eines Drei-Tages-Tickets (15,10 € für 1 Erw. und bis zu 2 Kinder) für das gesamte Stadtgebiet inklusive Fellbach und Korntal.

141 [di] **A&O Stuttgart City** €, Rosensteinstr. 14/16, Tel. 25277400, Haltestelle: Milchhof, U12, www.aohostels.com/de/stuttgart. **Umfangreiches Angebot:** Das unweit des Pragfriedhofs gelegene Hostel bietet Einzel-, Doppel-, Vierbett- bis Achtbettzimmer und ein Frühstücksbüfett. Außerdem stehen Waschmaschinen, Billard und Kicker sowie eine Gästeküche zur Verfügung.

142 [E6] **Abalon** €€, Zimmermannstr. 7-9, Haltestelle: Olgaeck, U5, U6, U7, U12, U15, Tel. 21710, www.abalon.de. **Faire Preise, freundlicher Service:** Das Dreisternehotel bietet funktional eingerichtete Zimmer und Apartments für Langzeitgäste. Eigene Tiefgarage mit 45 Plätzen. Rezeption nur 10-13 Uhr besetzt, Online-Check-in ist möglich.

143 [F5] **Alex30 Hostel** €, Alexanderstr. 30, Haltestelle: Olgaeck, U5, U6, U7, U15, Tel. 8388950, www.alex30-hostel.de. **Ein günstiges Bett für junge Leute:** Das Hostel in Innenstadtlage kombiniert einfache Ausstattung mit Hotelservice zu „schwäbischen" Preisen. Es gibt Doppel- und Mehrbettzimmer, meist mit Etagenduschen, und einige Apartments mit Bad und Küche. Parkmöglichkeit in begrenzter Zahl.

144 [cj] **Aloft Stuttgart** €-€€, Heilbronner Str. 70, Haltestelle: Stadtbibliothek, U5, U6, U7, U12, U15, Tel. 87875000, www.aloftstuttgarthotel.com. **Zeitgemäß:** Seit dem Erfolg der Motel-One-Kette setzen auch andere Hotelmarken auf junges Design. Im Aloft checkt man per Handy ein, aus dem „Refuel grab and go Pantry"-Kühlschrank versorgt man sich selbst mit Getränken und Sandwiches und in der Lobby/Bar spielen ab und zu Bands.

145 [D6] **Am Wilhelmsplatz** €, Wilhelmsplatz 9, Haltestelle: Rathaus, U1, U2, U4, U9, U14, Tel. 210240, www.hotelamwilhelmsplatz.de. **Familiengeführtes Stadthotel:** Mit knapp 30 eher kleinen Zimmern liegt es am Rande des Heusteigviertels und zugleich in Fußnähe zur Innenstadt. Das Personal ist freundlich, die Lage am trubeligen und auch befahrenen Wilhelmsplatz sehr zentral. Die Rezeption ist Mo. bis Fr. bis 22 Uhr, Sa., So. nur bis 18 Uhr besetzt.

146 [D1] **Arcotel Camino** €-€€, Heilbronner Str. 21, Haltestelle: Hauptbahnhof, U5, U6, U7, U12, U14, U15, U29, S1, S2, S3, S4, S5, S6, S60, Tel. 258580, www.arcotelhotels.com/camino. **Modern-elegant:** In Sichtweite des Hauptbahnhofs hat die Hotelkette einen denkmalgeschützten Bau von 1890, einst Quartier für Post- und Bahnbedienstete, zum Viersternehotel umgebaut. Die 168 Zimmer unterschiedlicher Größe und Ausstattung sind wegen der Lage an der befahrenen Heilbronner Straße alle schallisoliert. Pluspunkte sind die zentrale Lage und der freundliche Service, das Hotelrestaurant serviert auch vegane Gerichte. Zwei barrierefreie Zimmer.

147 [A1] **Azenberg** €, Seestr. 114–116, Haltestelle: Hölderlinstraße, Bus 43, Tel. 2255040, www.hotelazenberg.de. **Für die ganze Familie:** Das Hotel am Fuß des Killesbergs bietet 58 ruhige, zum Teil recht kleine Zimmer, ein Schwimmbad, einen kleinen Wellnessbereich und einen Garten mit Terrasse und Spielbereich für Kinder. Gutes Frühstück, wenig Parkmöglichkeiten bei Anreise mit dem eigenen Wagen.

Buchungsportale

Neben Buchungsportalen für **Hotels** (z. B. www.booking.com, www.hrs.de oder www.trivago.de) bzw. für **Hostels** (z. B. www.hostelworld.com) gibt es auch Anbieter, bei denen man **Privatunterkünfte** buchen kann. Portale wie www.airbnb.de oder www.wimdu.de vermitteln Wohnungen, Zimmer oder auch nur einen Schlafplatz auf einer Couch. Diese oft recht günstigen Übernachtungsmöglichkeiten sind nicht unumstritten, weil manchmal normale Wohnungen gewerblich missbraucht werden. Einige Städte greifen deshalb regulierend ein.

148 [D5] **EmiLu** €€, Nadlerstr. 4, Haltestelle: Rathaus, U1, U2, U4, U9, U14, Tel. 3420620, www.emilu-hotel.com. **Mitten im Zentrum:** Das Designhotel mit 90 Zimmern, Sauna- und Fitnessbereich liegt direkt in der Innenstadt. Gleich hinter dem Rathaus wurde ein nüchterner Bürobau dafür aufgestockt und neu gestaltet. Ein Mix aus Designer- und Vintagemöbeln bestimmt den Stil der Lobby, die Zimmer sind individuell eingerichtet. Das Frühstückscafé Fritz steht auch externen Gästen offen, die Rooftop Bar leider nicht.

149 [fj] **Hilton Garden Inn Stuttgart NeckarPark** €€, Mercedesstr. 75, Haltestelle: NeckarPark, S1, Bus 56, Tel. 900550, www.hiltonhotels.de. **Sportlich:** In unmittelbarer Nähe des Cann-

▷ Im Foyer des Motel One lädt die Hotelbar zum Boxenstopp ein

statter Wasen und der Mercedes-Benz-Arena ist das modern-elegante Hilton-Hotel ein Teil der großen Sportanlagen NeckarPark. Das Businesshotel mit 150 Zimmern ist auch technisch auf Geschäftsreisende eingestellt und bietet einen hellen Fitness- und Wellnessbereich mit großen Fenstern.

150 [cj] **Jaz** €€, Wolframstr. 41, Haltestelle: Stadtbibliothek/Handwerkskammer, U5, U6, U7, U12, U15, Tel. 969840, https://hrewards.com/de/jaz-in-the-city. **Mit Rooftop Bar:** Das Hotel mit 166 Zimmern in den unteren Etagen des Hochhauses Cloud No 7 neben der Shoppingmall Milaneo versteht sich als Lifestyle-Hotel, was bedeutet, dass es mehr bieten will als nur ein Nachtquartier. Musiker und DJs rocken regelmäßig die Bühne, die Gäste werden geduzt, ein kleines Spa und Fitnessgeräte laden zum Entspannen, Restaurant und Bar zum Genießen ein. Zwei barrierefreie Zimmer.

151 [ei] **Jugendherberge NeckarPark** €, Elwertstr. 2, Haltestelle: NeckarPark, S1, Tel. 6647470, www.jugendherberge.de/jugendherbergen/stuttgart-neckarpark/portraet. **Bett&Bike-Unterkunft:** Von den 43 Zimmern der Jugendherberge in Bad Cannstatt sind nur drei Doppelzimmer, die anderen Drei- und Vierbettzimmer, aber alle mit eigener Nasszelle. Sieben barrierefreie Zimmer. Auch vom ADFC für Radfahrer empfohlen – der Neckarradweg ist nicht weit.

152 [F3] **Jugendherberge Stuttgart International** €, Haußmannstr. 27, Haltestelle: Eugensplatz, U15, Tel. 6647470, www.jugendherberge.de/jugendherbergen/stuttgart-international-112/portraet. **Aussichtsreich:** Mit dem Aufzug geht es vom Eingang zur Rezeption. Dank Hanglage hat die Stuttgarter Jugendherberge einen Traumblick über die Innenstadt. Insgesamt gibt es mehr als 300 Schlafplätze in 33 Doppel- und 59 Vierbettzimmern, einem Einzel- und einem Sechsbettzimmer, alle mit eigener Nasszelle. Acht davon sind rollstuhlgerecht.

153 [D3] **Motel One** €€, Lautenschlagerstr. 14, Haltestelle: Hauptbahnhof, U5, U6, U7, U12, U14, U15, U29, S1, S2, S3, S4, S5, S6, S60, Tel. 3002090, www.motel-one.com. **Gutes Preis-Leis-**

052st Abb.: gk

tungs-Verhältnis: Die überaus erfolgreiche Hotelkette setzt auf Low-Budget-Preise, Design und gute Lage. Nach dem älteren Hotel an der Heilbronner Straße, Nähe Pragsattel, eröffnete in Stuttgart ein weiteres Motel One in absoluter Toplage – zentral, nahe dem Bahnhof und trotzdem ruhig. Die Zimmer sind klein, aber modern und zweckmäßig eingerichtet, beim Frühstück gilt Selbstbedienung, dafür gibt es ein ansprechendes Foyer mit Bar.

154 [gk] **Ochsen** €€, Ulmer Str. 323, Haltestelle: Inselstraße, U9, Tel. 4070500, www.ochsen-online.de. **Tradition und Genuss:** Das Hotel mit 35 Zimmern befindet sich in einem alten Fachwerkgebäude in Wangen, am Rande Stuttgarts. Schon vor 1900 gab es hier das Gasthaus zum Ochsen. Neben den einfacheren Komfortzimmern können die teurere Kategorie „Elegance", Mehrbettzimmer und zwei Suiten gebucht werden. Auch als Viersternehotel ist man sich nicht zu fein für Radfahrer, eine Fahrradgarage ist vorhanden. Mit Restaurant und gemütlicher Alpenstube.

155 [B7] **Park Inn by Radisson** €€, Hauptstätter Str. 147, Haltestelle: Marienplatz, U1, U9, U34, Tel. 320940, www.parkinn.de/hotel-stuttgart. **Mit Dachterrasse und Fitnesscenter:** Das Businesshotel auf dem ehemaligen Dinkelacker-Brauereigelände in Stuttgart-Süd bietet 181 modern und farbenfroh eingerichtete Zimmer, wegen der Lage an der befahrenen Straße schallisoliert. Fitnessraum mit Sauna und Dachterrasse, eigene Tiefgarage, 12 Zimmer mit Balkon, zwei behindertengerechte Zimmer.

156 [D6] **Pension am Heusteig** €, Heusteigstr. 30, Haltestelle: Österreichischer Platz, U1, U9, U34, Tel. 239300, www.am-heusteig.de. **Zentral und günstig:** Die Pension mit 14 zweckmäßigen Zimmern im Heusteigviertel liegt nahe zur Innenstadt.

157 Relexa Waldhotel Schatten €€-€€€, Magstadter Str. 2–4, Anreise nur mit eigenem Wagen zu empfehlen, Tel. 68670, www.relexa-hotels.de. **Entspannung pur:** Das Viersternehotel in Büsnau bietet 138 gemütlich oder funktional eingerichtete Zimmer und Suiten im historischen Altbau oder im neuen Annex, einen Fitnessraum und einen Wellnessbereich. Raucherzimmer sind buchbar. Eigene Tiefgarage mit 34 Plätzen und Parkplatz. Das Hotel an der berüchtigten S-Kurve der Solitude-Rennstrecke (s. S. 62) liegt schon im Grünen vor den Toren Stuttgarts. Über die B14 und lange Tunnel gelangt man aber außer zu Hauptverkehrszeiten schnell in die Innenstadt. Haustiere sind erlaubt.

158 [D2] **Steigenberger Graf Zeppelin** €€€, Arnulf-Klett-Platz 7, Haltestelle: Hauptbahnhof, U5, U6, U7, U12, U14, U15, U29, S1, S2, S3, S4, S5, S6, S60, Tel. 20480, www.steigenberger.com. **Zeitlos-klassisch:** Das Steigenberger befindet sich in unmittelbarer Nähe von Bahnhof und Königstraße. Der Zeppelinbau von 1931 wurde umfassend renoviert, die 117 Zimmer sind modern ausgestattet. Im Zeppelin Day Spa werden die Gäste auf rund 500 m² verwöhnt, und neben dem auf Steaks spezialisierten Zeppelino'S gibt es im gediegenen Zeppelin Stüble auch regionale Küche.

Mein Tipp

Stuttgart Citytour

Die roten Cabrio-Doppeldeckerbusse fahren auf zwei Routen mit zahlreichen Haltestellen durch Stuttgart. Nach dem Prinzip „Hop-on Hop-off" kann man aus- und wieder zusteigen. Tagesticket 20 €, Kinder bis 14 Jahre 5 €. Abfahrt an der Tourist-Information gegenüber dem Bahnhof.

› www.stuttgart-tourist.de/stuttgart-touren-tickets/stuttgart-citytour

Verkehrsmittel

Öffentlicher Personennahverkehr

Das Netz des **Verkehrs- und Tarifverbunds Stuttgart (VVS)** besteht aus **Stadtbahnen**, die sowohl unter- als auch oberirdisch fahren, **S-Bahnen** sowie **Buslinien** und ist in mehrere **Tarifzonen** aufgeteilt. Ein Ticket für die **Kurzstrecke** kostet 1,70 € (in der S-Bahn gültig bis zur nächsten Haltestelle, in Stadtbahn und Bus bis zur 3. Haltestelle nach dem Einstieg). **Einzelfahrscheine** kosten 2,90 € für eine Zone, 3,70 € für zwei Zonen bis zu 9,30 € für sieben und mehr Zonen. Vierertickets mit vier zu entwertenden Abschnitten sind etwas günstiger, für eine Zone kostet es 11 € für Erwachsene und 5,30 € für Kinder von 6 bis 14 Jahren. **Tagestickets** kosten je nach Zahl der Zonen zwischen 5,80 € und 11,80 € oder 14,40 € für das gesamte Netz. Wer mit mehreren Personen reist, kann auch ein **Gruppenticket** kaufen. Es gilt für bis zu fünf Personen oder Eltern mit einer beliebigen Anzahl eigener Kinder bis zum Alter von 17 Jahren. Je nach Zahl der Zonen zahlt man zwischen 11,60 € und 18,60 € oder 20,80 € für das gesamte Netz. Handytickets via App sind geringfügig günstiger. Für ganz Stuttgart reicht ein Ticket für eine Zone.

› Infos: www.vvs.de/tickets

Der VVS bietet außerdem ein **3-Tage-Ticket** an, das in S-Bahn, Bus und Stadtbahn gilt und für das Stadtgebiet Stuttgart 15,10 € und für das gesamte Netz 20,90 € kostet. Es gilt für einen Erwachsenen und zwei Kinder im Alter bis einschließlich 17 Jahren. Man erhält es an der Rezeption zahlreicher Hotels oder gegen Nachweis einer entsprechenden Hotelübernachtung im i-Punkt (s. S. 115).

In Stuttgart verkehren zehn Nachtbuslinien, außerdem verkehren die S-Bahnen S1 bis S6 an Wochenenden rund um die Uhr. An vielen S-Bahn-Stationen bieten Nachtbusse zudem Anschluss in Orte, die nicht an das S-Bahn-Netz angebunden sind. Infos unter www.vvs.de/fahrplan/nachtverkehr.

Tickets kann man an **Automaten** und in den **SSB-Kundenzentren** in den U-Bahn-Haltestellen Charlottenplatz und Rotebühl/Stadtmitte kaufen. Alternativ lassen sich Einzel- und Gruppentickets auch online vorab buchen und selbst ausdrucken oder nach Anmeldung über die **VVS-App** aufs Handy laden.

› **Stuttgarter Verkehrsbetriebe,** Tel. 19449, www.vvs.de

053st Abb.: gk

⊡ *Gut getaktet: der Stuttgarter ÖPNV*

Taxi

Taxistände gibt es am Hauptbahnhof 1 und am Rotebühlplatz [C5]. Nach 20 Uhr bestellt der Fahrer jeder Stadtbahn kostenlos ein Taxi zur gewünschten Haltestelle.

› **Taxi-Zentrale,** Tel. 5510000

Wetter und Reisezeit

In den kalten Monaten profitiert Stuttgart von seiner Lage in einer von Hügeln umgebenen Senke: Das Klima ist mild, windiges Wetter ist die Ausnahme und auch Niederschläge sind hier deutlich seltener als anderswo. Die Stadt gehört zu den **wärmsten Gebieten Deutschlands**, schon im Februar sitzen manche Cafégäste unter Heizstrahlern draußen. Nur die sogenannte **Inversionswetterlage** führt zu Wintersmog – wenn Hochdruck herrscht und kein Lüftchen weht, sammelt sich Feinstaub als Dunstglocke über Stuttgart. Allerdings gab es nur einen einzigen Smogalarm in der Stadt, und das im Januar 1982.

Die schönsten Monate für eine Reise nach Stuttgart sind **Mai, Juni, September und Oktober** mit angenehmen Temperaturen für ausgedehnte Stadtspaziergänge. Mit Sommersmog macht die berüchtigte Kessellage der Stadt an schwülen Tagen aber auch zu schaffen. Die Luft heizt sich auf, eine Dunstglocke liegt über der Stadt. Doch auch im **Juli** und **August** locken bei sommerlichen Temperaturen Open-Air-Konzerte, Sommerfestivals und außerdem diverse Biergärten in luftigeren Höhen Besucher nach Stuttgart.

Im **Herbst** und **Winter** steht die Kultur im Vordergrund. Neben Ausstellungen und der Herbstmesse ziehen vor allem Konzerte, Theater- und Opernpremieren, für die man vorab Karten bestellen sollte, die Besucher an. Die Landeshauptstadt bietet auch im Winter Abwechslungsreiches. Wer sich bei Kälte – doch Frosttage sind selten – lieber drinnen aufhält, hat die Auswahl unter zahllosen Museen, und mit Glühwein lässt sich auf den stimmungsvollen Weihnachtsmärkten auch draußen dem Winter trotzen.

⊡ Der Denkpartner – die Skulptur von Hans-Jörg Limbach steht heute am Börsenplatz

Wetter in Stuttgart

Durchschnitt	Jan	Febr	März	Apr	Mai	Juni	Juli	Aug	Sept	Okt	Nov	Dez
Maximale Temperatur	5°	8°	11°	16°	20°	24°	27°	26°	21°	16°	10°	7°
Minimale Temperatur	−1°	1°	3°	6°	10°	14°	16°	15°	11°	7°	3°	1°
Regentage	17	12	14	12	14	12	12	10	11	12	14	15

ANHANG

005st Abb.: gk

Register

REISE KNOW-HOW
@ReiseKnowHow
@reiseknowhowverlag
@Reise_KnowHow
auf www.reise-know-how.de
für den Newsletter anmelden
Zugspitze, Foto: Aneta Niemitz

Stuttgart mit PC, Smartphone & Co.

QR-Code auf dem Umschlag scannen oder **www.reise-know-how.de/citytrip/stuttgart23** eingeben und die **kostenlose Web-App** aufrufen (Internetverbindung zur Nutzung nötig)!

★**Anzeige der Lage und Satellitenansicht aller** beschriebenen Sehenswürdigkeiten und touristisch wichtigen Orte
★**Routenführung** vom aktuellen Standort zum gewünschten Ziel
★**Exakter Verlauf** des empfohlenen Stadtspaziergangs
★**Updates** nach Redaktionsschluss

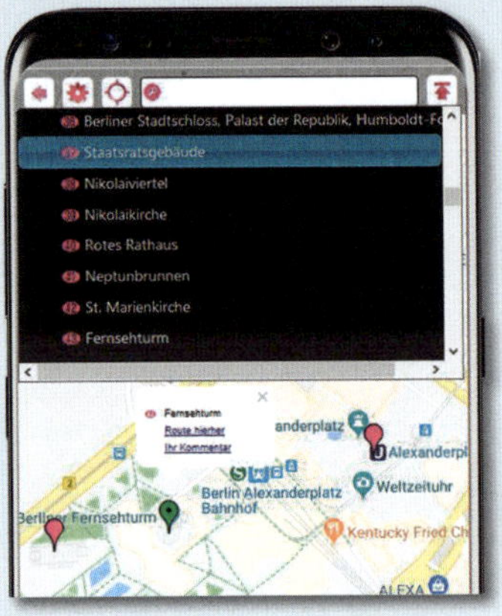

GPS-Daten zum Download

Die GPS-Daten aller Ortsmarken und des Spaziergangs stehen auf der Produktseite des Titels auf www.reise-know-how.de zum Download zur Verfügung.

Stadtplan für mobile Geräte

Um den Stadtplan auf Smartphones und Tablets nutzen zu können, empfehlen wir die App „Avenza Maps“ der Firma Avenza™. Über die Funktion „Store“ kann die „Citymap Stuttgart 2023“ kostenlos geladen werden.

Unsere App-Empfehlungen zu Stuttgart

› **Stuttgart App:** Die offizielle App der Stadt Stuttgart bietet Infos, News und Adressen für Stuttgarter und alle, die Lust auf Stuttgart haben (kostenlos für Android und iOS).
› **VVS Mobil:** Das Auskunftssystem für den öffenlichen Verkehr in Stuttgart. Mit der App lassen sich Verbindungen und Abfahrten abrufen, teilweise werden Echtzeitinformationen angezeigt (kostenlos für Android und iOS).

Die Information über und die Bereitstellung von digitalen Zusatzinhalten (z. B. Web-App, Links, GPS-Tracks o. Ä.) ist eine freiwillige Zusatzleistung des Verlages, auf die kein Anspruch besteht und für deren Richtigkeit aufgrund der Veränderlichkeit solcher Informationen auch nicht gehaftet werden kann. Insbesondere behält sich der Verlag deshalb vor, die Bereitstellung und die Zugriffsmöglichkeit zeitlich zu befristen und den Zugriff hierauf auch vorfristig abzuschalten.

Impressum

Gabriele Kalmbach

CityTrip Stuttgart

5., neu bearbeitete und aktualisierte Auflage 2023

ISBN 978-3-8317-3760-4

Druck und Bindung:
mediaprint solutions GmbH, Paderborn

Herausgeber: Klaus Werner
Layout: amundo media GmbH (Umschlag, Inhalt), Peter Rump (Umschlag)
Lektorat: amundo media GmbH
Karten: Ingenieurbüro K. Wendler, amundo media GmbH
Anzeigenvertrieb: KV Kommunalverlag GmbH & Co. KG, Alte Landstraße 23, 85521 Ottobrunn, Tel. 089 928096-0, info@kommunal-verlag.de
Kontakt: Osnabrücker Str. 79, 33649 Bielefeld, info@reise-know-how.de

Alle Angaben in diesem Buch sind gewissenhaft geprüft. Preise, Öffnungszeiten usw. können sich jedoch schnell ändern. Für eventuelle Fehler übernehmen Verlag wie Autorin keine Haftung.

Bildnachweis

Umschlagvorderseite: © Manuel Schönfeld, stock.adobe.com | Umschlagrückseite: © Martin Hahn, stock.adobe.com | Umschlagklappe rechts: © Stuttgart-Marketing
Soweit ihre Namen nicht vollständig am Bild vermerkt sind, stehen die Kürzel an den Abbildungen für die folgenden Fotografen, Firmen und Einrichtungen. Gabriele Kalmbach: gk | Atelier Peter Wels (Visualisierung): apw | Stuttgart-Marketing: sm

Liste der Karteneinträge

Der Blick vom Kunstmuseum 8 *reicht über die ganze Innenstadt*

Hier nicht aufgeführte Nummern liegen außerhalb der abgebildeten Karten. Ihre Lage kann aber wie die von allen Ortsmarken im Buch mithilfe der Web-App angezeigt werden (s. S. 138).

Zeichenerklärung

- Sehenswürdigkeit
- Arzt, Apotheke, Krankenhaus
- Bar, Bistro, Treffpunkt
- Bibliothek
- Café
- Denkmal
- Friedhof
- Galerie
- Geschäft, Kaufhaus, Markt
- Gipfel
- Hotel, Unterkunft
- Imbiss
- Informationsstelle
- Jugendherberge
- Kirche
- Kneipe, Biergarten
- Museum
- Musikszene, Club, Disco
- Parken
- Pension
- Post
- Polizei
- Rebflächen, Weinreben
- Restaurant
- Schwimmbad
- Sonstiges
- Sporteinrichtung
- Synagoge
- Theater
- Turm
- Vegetarisches Restaurant
- Weinlokal, Weinstube

- S-Bahnhof
- Stadtbahn-Haltestelle
- Stadtspaziergang (s. S. 15)
- Shoppingareale
- Gastro- und Nightlife-Areale

Linienn

Kirchheim (N)
Besigheim
Tamm
RE 8 Würzburg *
MEX12 Mannheim *
MEX18 Osterburken *
Walheim
Ellental
S5
Bietigheim-Bissingen
Asperg
Vaihingen (E)
IRE 1 Karlsruhe *
MEX 17 Pforzheim *
/Heidelberg *
/Bruchsal *
Sersheim
Sachsenheim
U15
Stammheim
Korntaler Str.
Heutings heimer S
RB47
Heimerdingen
Hemmingen
Schwieberdingen
Münchingen
Münchingen Rührberg
Korntal Gymnasium
Weilimdorf
Ditzingen
Weilimdorf Löwen-
Rastatter Str.
Höfingen
Wolfbusch
Bergheimer Hof
Leonberg
Salamanderweg
U16
Giebel
Hölderlin
Rutesheim
Breitwiesen
Siedlung
S60
Renningen
U6
Gerlingen
Malmsheim
Eltinger Str.
Beet-hovenstr.
U29
U2
Botnang
Millöcker-str.
Lind-paintnerstr
Renningen Süd
S6 S62
Weil der Stadt
Magstadt
Maichingen Nord
Maichingen
Vaihingen Schillerpla
U1 U8 U3
S2 S3
Vaihingen
Sindelfingen
S60 RB46
Böblingen
Goldberg
Hulb
Böbl. Danziger Str.
Ehningen
Böbl. Südbf.
Oberaicher
Böbl. Heusteigstr.
Gärtringen
Böbl. Zimmerschlag
Nufringen
Holzgerlingen Hülben
S1 S11 RB41 RB63
Herrenberg
Holzgerlingen
Holzgerlingen Buch
Gäufelden
Herrenberg Zwerchweg
Weil im Schönbuch Troppel
S8
Bondorf
Weil im Schönbuch
Gültstein
Weil im Schönbuch Unte
Ergenzingen
IC Zürich *
RB 14 Rottweil/Freudenst. *
IRE4 Konstanz *
S8 Freudenstadt *
RB 63 Bad Urach *